情緒化語言、不溝通冷戰、只聽不

停止爭吵與沉默，學會說出真正

黃熒——著

別讓 成為

話語暴力

關係不該被情緒摧毀

說話前，先想想

你要的是贏，還是被理解？

不需要透過暴力來獲得關注，也不需要用沉默來回應衝突

因為真正的溝通，來自於理解與尊重——

目錄

目錄

前言
何謂非暴力溝通？

你只是叫鄰居半夜別那麼吵，卻因說話說不到重點導致他變本加厲；你渴望朋友能多理解自己，卻因一時的氣話斷送了數年友誼；你想讓戀人更體貼一些，卻因表達不明確造成了感情危機；

你希望孩子能勇敢點，卻因錯誤的溝通方式令他更加膽小；你期盼父母不要再嘮叨，卻因帶情緒的陳述使他們傷心欲絕……

在浩瀚的生命長河中，愛是亙古不變的核心，而最能展現愛的方式就是語言，儘管發達的文明已使我們能熟練地運用各種詞句，但不知道為什麼，在表達情感時卻依然出現了各種失誤，以致上述的狀況頻頻發生。實際上，只要我們能找到一種平和而高效的溝通方式，那麼所有的語言難題都會迎刃而解！

對此，馬歇爾．盧森堡（Marshall Rosenberg）博士發現的非暴力溝通便能做到這一點！也許有人會問：什麼是非暴力溝通呢？別急，馬上就為大家介紹這種神奇的語言！

相對於傳統的溝通技巧來說，非暴力溝通將重心放在愛與理解上，它透過轉變說話和聆聽的方式，挖掘出自己和他人內心深處的共同需求，以使人們誠實、清晰表達自己的同時，還能建立一座令雙方彼此尊重、相互理解的橋梁，從而達到讓對話雙方情意相通、和諧共處的目的！這種溝通手段，能及時消除隱藏在人們身體裡的暴力衝動，讓人與人之間的關係變得親密、和睦，並充滿愛！

在非暴力溝通的過程中，有四種模式至關重要，那就是——觀察、感受、需求和請求，透過這四個要素的深度思考，人們往往很容易表達自己的情感：

觀察：我們常常會選擇性地將注意力放在自己關心的事上，從而導致感情的天平向自己傾斜，隨之說出來的話自然不會客觀，於是，矛盾出現了！但非暴力溝通中的觀察卻是讓我們留意所有發生的事，無論自己是否在乎或喜歡，只說出此刻眼睛看到的事實，並且還不能被自身的情感左右，準確表達觀察的結果。

感受：在表達感受時，我們總會不自覺地摻進一些雜質，如「我覺得自己不受重視」，這句話看似說出了感受，事實上這只是我們的想法，真正的感受是一種內心的體會，或喜、或怒、或哀、或樂等等，上面這句話的感受應該是：朋友無視我，我很難過；同事排擠我，我很生氣；另一半不關心我，我很傷心……

需求：在非暴力溝通中，需求和感受有著某種必要的連結，我們之所以會有各種不同的感受，通常都是由於內心的需求沒有得到滿足，因此，在表達時若能說出導致自己感受的那些需求，往往會更加事半功倍。例如，我們對每晚將電視聲音都調到最大的鄰居說：「朋友，你家每天晚上都那麼吵，搞得我很難受，因為我需要休息。」從這句話裡我們不難看出，休息正是導致我們難受的需求。

請求：表達完我們的需求後，接下來要做的就是請求對方來滿足它。要注意的是，我們的請求一定要準確、具體，唯有如此，才能使對方立刻採取行動。接著上面的例子，我們可以立刻提出請求：「你能不能在晚上看電視時把聲音調小聲一點呢？」顯然，這樣的要求很明確，不是「別再那麼吵」，而是把電視聲音調小。

很多時候，世人並非是真的感覺麻木，只是不知道該如何表達自己的情感，以致在傷害別人的同時，也將自己弄得遍體鱗傷，久而久之，便漸漸遺失了愛的能力。在這個充斥著冷漠、懷疑和幸福感劇減的現代社會，人們迫切需要得到非暴力溝通的幫助，以改善我們目前缺乏愛的生活，將我們從冷漠的深淵裡解救出來！

正是基於這一點，本書才應運而生！該書從感受、需求、表達、請求、傾聽等多個層面入手，對如何更完整地表達情感進行了深度剖析，以使讀者能在親情、友情和愛情之間遊刃有餘！不僅如此，本書用輕鬆、活潑的寫作手法，透過簡單易懂的文字傳達給讀者，進而令其能活學活用，在很短的時間內掌握這種愛的語言！

前言　何謂非暴力溝通？

第一章
隱藏的傷害 —— 暴力溝通的真相

一直以來，愛都是亙古不變的核心，而最能展現愛的方式就是語言，儘管發達的文明已使我們能熟練地運用各種詞句，但在各自暴力溝通的影響之下，人與人之間變得越發地冷漠了，如沉默、抱怨、批評、指責、冷戰等，這些都讓我們漸漸遺失了愛的能力，不僅無情地傷害了別人，也把自己弄得遍體鱗傷、狼狽不堪！所以，我們一定要揪出那些「愛的劊子手」，將其扼殺在搖籃裡！

憤怒時的話語最傷人

即便你吵贏了，也是個輸家，因為那些傷人的話會令你失去這份感情！

生活中，人們常會為了一點雞毛蒜皮的小事而吵架，每每此時，我們的身心便會被怒火侵蝕，於是，在腦子裡急切尋求著最難聽、最扎心的字眼來反擊，無論它們是否符合當時的情況，你都像一把剛上膛的機關槍般胡亂掃射，直到看見對方垂頭喪氣地敗下陣來。你雖有所顧忌，但是會想，不過是爭吵罷了，以後總會和好的，所以你擺出一副勝利者的姿態，殊不知，你那些傷人的話已破壞了這份感情！

李毅跟莫妮已結婚多年，當激情褪去後，他們的生活過得越發平淡，再加上李毅是個內向的人，所以，他們鮮少會坐在一起聊聊天，經常是各自拿著手機自己玩！眼看兒子就要上小學了，莫妮一直想找個機會跟李毅商量這件事，是堅持讓兒子讀最好的學校，還是就在附近就讀就好了，但總沒找到合適的機會！

這天，兒子去了奶奶家，家裡只剩下他們兩人，莫妮對正在手機上玩「消消樂」的李毅說道：「老公，兒子快要上小學了，你覺得要讓他念哪所學校比較合適！」

「這種事情妳自己決定就好了！」眼看快要通關的李毅，頭都沒抬地回答。

「什麼叫我自己決定？兒子不是你的嗎？你不用管的嗎？」

莫妮生氣地問。

見老婆生氣了，李毅這才抬起頭來，回答道：「妳知道我不是那個意思！」

「那你是什麼意思？我還真不知道，你告訴我！」莫妮繼續追問道。

「妳是想吵架嗎？難得今天能清靜一下，妳還在這裡跟我鬧！」李毅也煩了。

「你說什麼？我跟你鬧！我不過是讓你盡一點做父親的責任而已，我真的要鬧，你還能安穩地坐在這裡？早就想站起來打我了！」莫妮氣憤地說道。

「妳今天是鐵了心地想吵架嗎？」李毅開始有點生氣了！

「對，我就是想吵架！你能拿我怎麼樣？」莫妮說著走到了李毅跟前。

「簡直不可理喻，我不想再跟妳廢話！」李毅說完，轉身就準備進房，卻被莫妮直接拉了回來！這徹底激怒了他：「妳到底想做什麼？還有完沒完啊！」

「沒完，我今天一定要好好跟你說清楚！你說，你娶我回來做什麼？每天說不到幾句話，不是弄你那個破手機，就是坐在電腦前面不知道做什麼，對家裡的事情不聞不問，我有老公等於沒有，兒子有爸爸也等於沒有。你自己想想，自從兒子出生後，你為他做過些什麼，什麼都沒有……」莫妮情緒失控地大聲說。

「妳現在扯這些幹嘛？這跟孩子上學的事有關係嗎？」李毅反問道。

「當然有關係了！你還是秉持著一貫的原則，不聞不問嘛！你現在不想管，以後乾脆什麼都別管，都留給我來做，等我被活活累死後，你好再去娶一個回來！」

「妳是不是有病啊？還病得不輕！要不要先去醫院拿點藥吃吃？」

「是，我有病，眼睛病得不輕，當初我真是瞎了眼了，怎麼會嫁給你這種男人！趕快離婚，我早就不想過這種日子了，要不是為了兒子，我能忍你這麼久？」

……

無論你相不相信，引發爭執的通常都是些小事，就像案例中的這對夫妻，不過是為了幫兒子選所學校，最後竟演變成了夫妻間的大戰。其實，只要他們任何一方稍稍做出讓步，便能避免這場悲劇的發生。當然，他們若想根治這種爭吵，就必須改變溝通的模式，直接說出自己的感受和需求，唯有彼此的需求都得到了滿足，他們才能重新感受到對方的愛，進而獲得真正的幸福和快樂！

也許在不少人看來，自己之所以會生氣，都是別人惹的禍。殊不知，你的憤怒跟別人做了什麼無關，而是源自你對這一舉動的感受，以及隱藏在感受背後的需求沒有被滿足！若從這個角度出發，因生氣而引發的爭執，顯然是可以有效避免的，只要你能控制自己的情緒，多考慮自己和對方的需求即可！

但有時，你對某些事實在看不下去，或覺得受到了不公平的待遇，很想當場發作，然而為了顧及顏面，你勉強忍了下來。但你心裡清楚，問題並沒有得到解決，憤怒不滿的情緒仍然憋在心裡，隨時都可能被引爆。不巧，當你轉過身去，看到一個滿肚子怨氣的傢伙正對你咆哮，他的嗓門還不自覺地愈扯愈大，分貝愈來愈高，以致你決定丟掉面子，立刻投入到這場沒硝煙的戰鬥中。

俗語有云：「良言一句三冬暖，惡語傷人六月寒」，生氣從來都沒好話，因此當時的你為了獲勝，常常會不假思索地口出惡言，也正因為如此，這些話往往最能傷透人心。對此，保持一顆冷靜的頭腦固然重要，但重要的卻是顧及對方的感受，要知道，感受才是真正令他傷心的原因，只要你能做到這一點，勢必不會用最惡毒的語言去攻擊對方，那時，即使是吵吵鬧鬧，也傷不了感情。

愛的練習題

1. 生氣時，你會專挑最難聽、最扎心的話來說嗎？
2. 當你明顯感受到別人的傷心時，是否會選擇停止爭吵呢？

溝通時，沉默不是良策

溝通時的沉默非但不是金，還是一顆隨時會被引爆的炸彈！

俗語有云：「沉默是金」，不可否認，在不少場合之下，適時地沉默能讓我們受益良多，但在溝通時，你一味地沉默卻會令對方摸不著頭緒，甚至還會使對方誤以為你拒絕溝通，因而激怒了他！由此可見，當你與人交流時不能總是保持沉默，否則，即便沒話「從口出」，你這種暴力的抗拒姿態，照樣也會惹禍上身！

吳昊大學畢業後，好不容易找了個穩定的工作 —— 銀行職員，心裡十分開心。他的工作就是每天坐在玻璃後面幫別人數錢。剛開始時，他還能夠做到熱情待客，但時間一久，他便對這份枯燥的工作感到厭惡，漸漸變得寡言少語起來，再然後，他乾脆能不說話就不說，對同事也是如此，變得越來越沉默了。

吳昊媽媽眼見兒子的工作已漸漸穩定，但年紀一年比一年大，心裡非常著急，她深知兒子這種內向的性格，即使再過幾年也不見得能找到女朋友，於是決定幫他安排相親。經過千挑萬選後，吳昊媽媽終於相中了一位女孩，並打算讓他們見個面。

這天晚飯過後，媽媽開心地對吳昊說道：「阿昊，告訴你一件事！還記得以前住我們家隔壁的李叔叔嗎？就是經常來找你爸打麻將的那個！有印象嗎？」

吳昊聽著媽媽的話，邊看電視，邊點了點頭，以示他知道有這麼個人。

媽媽見狀，繼續眉飛色舞地說道：「他女兒的公司剛在這附近開了一家分公司，他女兒還被任命為分公司的總經理，也調到這裡來工作了！你們小時候常在一起玩，人家剛回來，對這邊的情況不了解，李叔叔年紀大了，跟不上時代，你去幫幫她！」

吳昊聽完這話，看了一眼媽媽，頓時明白了她的意圖，便不再理會了。

吳昊媽媽知道兒子不願相親，便勸道：「阿昊，你也老大不小了，你看你的那些同學，不是早已結了婚，就是已經生了孩子，有的小孩都上小學了，可你到現在連個女朋友的影子都沒見到，你說我們做父母的能不急嗎？」

面對媽媽的苦口婆心，吳昊依然盯著電視看，沒有開口說一句話。

「兒子，媽知道相親是老派了點，但不少人靠它找到了另一半，我們又不比別人差，照樣可以找個好女孩回來！李叔叔的女兒就不錯，不信你去看看！」

「你知道嗎？那女孩大學畢業沒幾年就做到了管理層，非常能幹。而且人家還長得很漂亮，上大學那時候就被別人叫校花呢！要不是她這麼多年來只顧著自己的學業和事業，說不定現在早就已經結婚了。到那時，你想見她還見不到呢！」

……

媽媽說得口都乾了，吳昊也沒有任何表示，一直保持著沉默，這讓媽媽有點生氣了：「你倒是說句話啊！不管你見不見人家，總得告訴我一聲吧！」

見吳昊依然沒開口的打算，媽媽徹底生氣了：「好，是我多管閒事，你這個皇帝都不急，我這太監急個什麼勁，以後你交不交女朋友、結不結婚，我都不管了！」

就相親這件事來說，吳昊媽媽只顧著自己的需求，沒有考慮到吳昊的感受，但即便再如何生氣，吳昊也該對媽媽有所回應，而不能以沉默這種暴力溝通的方式來傷媽媽的心。其實，只要吳昊說聲:「妳的安排讓我很不開心，我不想去見那女孩！」哪怕他直接來句：「我不願相親！」媽媽的心裡也會舒服很多！

有時，我們之所以會選擇沉默，往往是出於對他人的善意和禮貌，如在患重疾的親友面前，你不願提及對方的病情。然而，更多的時候，我們卻是因怯懦而閉上了嘴巴，以逃避那些自己不願面對的人或事，但現實卻不會因為你的沉默便有所改善：另一半該鬧的還是鬧，孩子該哭的繼續在哭，父母該嘮叨的依然嘮叨，同事該升遷的照樣升遷……

由此可見，沉默解決不了任何問題，並且，當你採取這種冷暴力的模式時，往往會讓對方接收到你強烈的抗拒心理，反而會將事情變得越來越糟糕！實際上，你在溝通時選擇沉默，不但輕視了對方的感受和需求，更忽視了自己的這一部分，每每此時，勢必會引發一場更大的災難，來填平你們彼此的情感需求！

愛的練習題

1. 現實生活中，你在溝通時沉默過嗎？
2. 對於你不想面對的人或事，你會如何選擇？為什麼？

越簡單的回應，可能越傷人

越簡單的回答，往往越帶著敷衍、挑釁的意味，也越容易傷人！

不知從何時開始，人們說話的字數變得越來越少，有些人甚至選擇了不說話，就算跟對方面對面地坐著，也用手機上的通訊軟體傳遞訊息。在溝通時，我們說得越簡單，便越容易使人產生歧義，從而導致感情破裂，尤其當我們回答對方時，字數越少，對別人的傷害往往就越大。無論這是源於自身的習慣，還是出自對他人的故意刁難，最後的結果都將不利於彼此今後的關係。

「兒子，媽跟你商量一件事！我們樓下的李阿姨昨天幫孫子辦滿月酒了，你看，你跟你老婆都老大不小了，也是時候要生個孩子了，否則等你們將來生了孩子，我和你爸這副老骨頭，想幫你帶都沒那精力了。」媽媽對正在玩手機的小東說道。

小東一聽這話，抬頭看了一眼媽媽，說：「放心，這件事我們有在考慮！」

「以前跟你說這件事，你也說有在考慮，都考慮這麼多年了，我連個孫子的影子都沒見到！這種事情我也不好跟你老婆提，只能和你商量，但你每次都敷衍我！」

「我們會盡快的。」小東說著，還拚命地用指頭滑著手機。

「真的嗎？那你們可得抓緊時間了，馬上就要夏天了，現在懷孕，正好能趕上明年春天生！」媽媽一聽兒子同意了，頓時高興壞了。

「真的！」小東依然在不停地玩著自己的手機。

「太好了！那你們做孕前檢查了嗎？」媽媽開心地繼續問道。

「還沒。」

「那得趕快讓你老婆去做一下！否則就趕不上春天了！」

「好。」

「對了，還有那個醫院，一定要選一間近的，大肚子不能在外跑來跑去！」

「嗯。」

……

媽媽高興地說了一堆後，才發現兒子除了「好」、「嗯」，就沒有其他的回答了，他的注意力始終停留在手機上。看到這一幕，媽媽頓時像洩了氣的皮球般，鬱悶到了極點，她知道兒子依然是在敷衍自己，便轉身傷心地離開了！

生活中，類似於案例中的對話不在少數，每當我們用「嗯」、「啊」、「哦」等字眼來回答問題時，不管是無意也好，故意也罷，都會不可避免地傷害到對方！就像小東，面對媽媽殷切的期盼，無動於衷的他只想結束這場談話，於是他採取了敷衍的態度，簡單回答，搞不好直到媽媽離開，他都不知道自己已釀成大錯！

事實上，真正傷人的並非是那些詞彙，而是隱藏在它們身後的各種需求！如案例中的媽媽，令她傷心的根本不是兒子的態度，而是她想早點抱孫子的心願落空了，她從原本的開心、興奮，一下子掉進了鬱悶、傷心的無底洞。倘若小東一直都沒滿足她的需求，必然會在她心裡留下烙印，影響到母子間的感情。

由此可見，回答得太過簡單這種溝通方式，其暴力程度一點都不比直接辱罵來得少。

「老公，馬上就要到國慶連假了，我們出去玩一趟吧？」米婭興奮地說道。

「好，妳決定。」老公張磊邊翻書，邊回答。

「那我們去東部吧，聽說那邊很漂亮！」米婭開心地繼續說。

「好啊！」張磊微笑著回答道。

「嗯……還是別去東部吧，我怕會有點太遠了。」米婭擔心地說道。

「好。」張磊笑了笑，說道。

「那我們去中部，那裡不但風景好，人也都很友善！」米婭接著對張磊說。

「好。」張磊回答後，便看自己手裡的書去了。

「不行，我怕自己去過以後，會忍不住想住那不走了！」米婭又擔心地說。

「嗯！」張磊已經明顯有點心不在焉了。

「不然我們去離島玩？我看了很多影片，都還沒去過！」米婭高興地問。

「好！」張磊頭也沒抬地回答道。

「還是不行，那邊交通不方便，我們會玩的不夠盡興！」米婭說。

「嗯！」張磊盯著書裡的內容，眼睛都沒眨一下。

米婭本想再說個地方，但一看張磊那副不願理會自己的模樣，便立刻失去了興趣，她硬生生地嘴邊的話嚥了下去，默默地轉身去了廚房準備做飯。

其實，簡單回答跟沉默是一個性質，只不過，後者是不太乾脆、不直接地拒絕，而前者卻帶著敷衍、挑釁的意味，顯然，跟後者相比，前者的殺傷力更大，也更易使對方受傷！要知道，你的回答表示著你並不抗拒溝通，但當回答變得越來越簡單時，對方便會猛然發現，原來你的本意是抗拒的，只是不得不繼續下去罷了。每每此時，對方的心就像從高空直接墜入了谷底，瞬間被摔得稀巴爛！

你覺得是直接被拒絕傷心，還是別人接受後再拒絕你痛苦呢？答案當然是後者！所以，請切記不要用一兩個字去回答別人，無論你是在心平氣和地交流，還是情緒不穩定下的溝通，即便是你正在跟對方爭吵，回答都盡量不要過於簡單。當然，若能認真對待他人的每一次交流，那自然是再好不過了。否則，長久下來，你勢必會失去那些愛著你的人，到那時，恐怕你就只剩下後悔了！

愛的練習題

1. 面對別人的隻字片語，你通常會怎麼做？
2. 在哪些情況下，你才會選擇只回對方一兩個字呢？

別小看抱怨，它會影響關係

你那喋喋不休的抱怨，就算沒煩死別人，也會嚇得別人不敢靠近！

生活中，總有些事會令我們忍不住想抱怨：老闆一再增加工作量，卻始終不漲薪水；馬路上又排起了長龍，車子動彈不得；樓下餐廳的菜越來越難吃，店員還懶得要命；今天又遇到了一個極品司機，繞了路不說，還怪我沒說清楚地址；那家貨運簡直莫名其妙，每次都只有我的包裹被弄得全是洞……

人生之路漫長而曲折，難免會出現各種煩心事，與其喋喋不休地抱怨，還不如換種態度去對待它，讓自己和聽眾們都獲得解脫。否則，你那三百六十五天從不曠工的嘮叨，身邊的人就算沒煩死，也會被你的埋怨和指責嚇得不敢靠近。

「我們公司真是太過分了，眼看快到年底了，什麼都沒發給我們，你看我那些同行，什麼中秋、元旦都發東西，有的連婦女節都還能拿點錢呢。不像我們這家破公司，過年連根毛都沒有見到！」午飯時，小靜對好友夏莉抱怨道。

夏莉聽完，輕聲說道：「哎喲，你小聲一點，隔牆有耳，知道嗎？」

「怕什麼呀！我就是說給他們聽的，我還怕他們聽不見呢！我們一年到底也就那麼點薪水，這逢年過節不給我們福利，日子怎麼過啊！」小靜大聲地說。

從那之後，不知為什麼，夏莉開始有意躲著小靜，兩人的關係也隨之漸漸疏遠了！

「老公，你早回來怎麼不幫我先洗菜呢？整天就知道玩你那個破手機！」晚下班的小靜看到老公窩在沙發上玩手機，廚房的工作一點都沒做，忍不住抱怨道。

老公聽後，說道：「我今天站著畫了一天的圖紙，累得實在不想動了！」

「就你累，我不累！我上了一天的班回來，還得洗菜、做飯，伺候你們父子吃喝，你們吃爽了可以休息，我還要洗碗、洗衣服，輔導兒子做功課！等你們都睡了，我還得收拾家裡，準備好明天的早餐！你說同樣是做父母的，你的命怎麼這麼好，下班回來可以像大爺一樣，什麼事都不用做，而我卻像個丫鬟，忙得簡直停不下來！」小靜在廚房一邊準備晚餐，還一邊嘴裡不停地念叨著。

對於小靜的這些話，老公本想回房間圖個清靜，但實在是累得不想動了！

「不是我說你，你回來就知道玩手機，好歹也幫我個忙啊，又不是要你炒菜、做飯，最起碼幫我洗洗菜總可以吧？還有你那份工作，每天不是去工地，就是關在房間裡畫圖，還老是要加班，最令人生氣的是沒加班費，你又耗時間，又賺不到錢，搞得家裡的事都要我一個人做，我天天累得像條狗一樣……」

就在小靜蹲在廚房裡喋喋不休時，已經受不了的老公，最後還是拖著疲憊的身體回了房。躺在床上的他，心裡如同打翻了調味料般五味雜陳，別人不理解也就算了，小靜是自己的老婆，也對自己諸多埋怨，他覺得十分傷心。為了不再聽到令自己難過的話，每天下班後，他都盡量待在房裡不出去，夫妻形同陌路！

當我們的利益受到威脅或減少時，難免會憤憤不平地覺得自己受了委屈，於是，埋怨命運的不公和自己的無助，抱怨過後，不但問題得不到改善，反而還會招來更大的災難。就像案例中的小靜，她只顧著自己的感受，並一股腦地將它們都吐了出來，全然沒考慮過別人是否能接受，以致朋友疏遠了她，丈夫也不敢靠近她，更可悲的是，她傷了人還不自知。

面對凡塵俗世的困擾，我們總覺得只有自己受了委屈和傷害，不僅如此，還極易因沉浸其中而無法自拔，每每此時，似乎唯有抱怨才能彌補內心的傷痕：「為什麼老天爺對我如此不公平？為什麼倒楣的總是我？為什麼那些好事都輪不到我？」……殊不知，你需要的並不是一吐為快，而是期待別人能安慰自己，但你卻用錯了溝通方式，使得能給你安慰的人開不了口。

人生苦短，與其浪費時間去抱怨生活中的種種，還不如努力改變自己的現狀，如果實在改變不了，我們還可以試著換一種態度來思考：只要我們用微笑去面對生活，那麼生活也必然會對我們微笑！因此，在溝通時，不妨淡薄那些虛名小利，直接告訴對方你的需求，唯有需求得到了滿足，你才能感受到快樂和美好！

愛的練習題

1. 生活中的你是否經常抱怨呢？
2. 當你發完牢騷後，別人都會出現哪些反應？

指責，往往讓事情變更糟

指責從來都發揮不了作用，即便你是善意的，也不過是引起對方的反感罷了！

不少人認為，指責是糾正錯誤最好的溝通方式，尤其是對於家長們而言，它不僅是教育孩子的一把利器，也是最常用的一種手段。但事實上，那些妄想用批評糾正他人的人，非但沒能改變對方，往往還造成了更為嚴重的後果！為什麼呢？因為它更易使對方產生敵意和牴觸的心態，從而導致關係疏遠！

「媽，我今天想吃紅燒肉！」晴晴低著頭走進廚房，對媽媽說道。想不到，媽媽不做也就算了，竟還開始指責晴晴：「妳這次考試是怎麼回事？有沒有用腦？妳看妳都肥得像隻豬了，還吃紅燒肉，乾脆把妳紅燒算了！」

原來，晴晴這次段考太不理想，媽媽被班導請去談話了，她本想吃最愛的紅燒肉安撫心情，豈料媽媽卻雪上加霜，她只能低著頭轉身離開了！

見晴晴沒回話，媽媽心裡更加擔心她的學業了，便繼續指責道：「妳怎麼這麼笨？家教都請了，妳還是跟不上，妳說妳整天都在想些什麼？能不能花點心思在讀書上？就知道學那些亂七八糟的舞蹈、畫畫什麼的，正正經經的國語、數學不學，將來怎麼辦？我跟妳說，妳別不愛聽這些話，我是妳媽才說這些，在外面人誰管妳怎樣啊！妳就算考個大鴨蛋都沒人管妳，人家巴不得妳不跟他競爭呢！」

晴晴聽著媽媽的話，心裡非常難過，她知道媽媽是為自己好，於是她決定放棄自己所有的興趣愛好，每天上各式各樣的補習班，弄得自己疲憊不堪。

然而，晴晴的努力卻並沒得到媽媽的認可，她依然還在不停地說：「怎麼還是這麼差的排名啊？妳就不能得個第一回來給我看看嗎？」、「笨鳥要先飛，妳再勤奮一點行不行？」……這些話讓晴晴傷心欲絕，從此跟變了個人似的，對什麼都提不起精神，每天一副病懨懨的模樣，再也聽不見她開朗的笑聲了。對於媽媽，她更是能躲則躲、能避則避，以致母女間出現了隔閡，親密蕩然無存！

相信不少家長都像晴晴的媽媽那樣教育孩子，這樣的指責只會帶來更壞的結果。從案例中，我們不難發現，其實晴晴內心有改正錯誤的需求，甚至還為此做出了不懈的努力，但媽媽一而再再而三的指責，卻激化了她的這種需求，當需求始終得不到滿足時，她才漸漸走向了另一種極端！若媽媽能好好地跟她溝通，必能發現她的需求，屆時，她們會因滿足需求而越走越近！

當然，指責也並非一無是處，只要能將它用在對的人和事上，照樣可以有效地拉近距離，如當一意孤行的我們，看不見遠處的陷阱時，若此刻有人能為我們敲響一記警鐘，我們非但不會反感，還會十分感激對方的忠告！只不過，即便如此，還是會影響感情，因為人們都更樂於聽表揚，而不是善意的指正！

馬林大學畢業後，便進了這家公司做銷售員，聰明的他不像其他同事那麼呆板，做起事來十分靈活，如為了得到每月超額完成業績的獎金，他將每一單的抽成都回饋給了客戶。用他的話說，這是「丟掉抽成這粒芝麻，撿了獎金這個大西瓜」，事實上，這不但為他帶來了客觀的收入，還為他贏得了銷售菁英的稱號！

馬林的一切都逃不過上司的眼睛，身為過來人的上司，很清楚長久下來，這位得力的下屬勢必會吃大虧，便決定提醒一下他，於是將他叫到了自己的辦公室談話。上司微笑著說道：「恭喜啊，馬林，這個月又是銷售冠軍！」

「呵呵，這都是您教導有方的功勞，我得好好謝您呢！」馬林也笑著說。

「我可沒教你把抽成送給客戶的方式，不敢貪功！」上司意味深長地看了一眼馬林。

「主管，我可沒破壞公司的規矩，這都是我自己掏的腰包！」馬林趕緊解釋。

「別激動，千萬別激動！」上司邊抬手示意，邊繼續說，「我沒有責怪你的意思，我知道你沒破壞規矩，只是想提醒你一下，你這樣會養大客戶的胃口！」

馬林聽完這話，立刻意識到上司這是在變相地指責自己，心裡頓時覺得不舒服，於是滿不在乎地說：「您放心，我是有分寸的，絕不會影響到公司！」

上司本還想說什麼，但是見馬林這種態度，便草草結束了這次的談話！這次交談後，不知是為了獲得更高的收入，還是要證明給上司看，馬林更努力地販售產品了，不但維繫著老客戶們，還開拓了不少新客戶。但隨著業績的不斷提升，他開始有點吃不消了，為什麼呢？因為客戶們已經不再滿足於他那點訂單的抽成，而是要求更高的回報，以致最後真正簽約的人越來越少！

此時，馬林再回憶起上司那次善意的提醒，開始後悔當時怎麼沒聽進去！

很顯然，上司不過是想給馬林一個善意的忠告，卻因用錯了表達方式而導致馬林的反感，他若能換種溝通模式，開誠布公地對馬林說：「我覺得你應該換種銷售方式，因為金錢的回饋只會養大客戶的胃口，到時你若不能滿足他們，他們肯定會跟你翻臉的！」相信面對如此真誠的請求，馬林斷然不會輕易地拒絕，即使他沒能聽進去，也不會在反抗心態的推動下，使事情變得越來越糟。

不可否認，批評具備使人進步的功效，但這必須在特定的情景下才管用，那便是對話雙方皆能好好地控制情緒，並且被批評者還有改正錯誤的強烈需求，除此之外，任何的批評都會引起他人的反感。要知道，沒人會願意承認是自己犯了錯，尤其是當這個錯誤還被別人逮了個正著，每每此時，人們都會在護短心態的帶領下，盡量避免談及此事，你的提醒無疑是在揭他們傷疤！

愛的練習題

1. 當孩子犯錯時，你是不留情面地指責，還是委婉提出來呢？
2. 每次指責完別人後，結果是否都能令你滿意？

冷戰無法解決問題，卻會毀掉關係

在愛情的賭桌上，從沒有過真正的輸贏，因為最後輸的只有這場婚姻！

俗語有云：「婚姻是愛情的墳墓」，愛情是所有情感中最美好，也是最微妙的，然而當激情漸漸褪去後，不少人不甘於回歸平淡，以致陷入了無休止的拉鋸戰，其中當數無言的冷戰最傷人心。為什麼？因為相比爭吵、哭鬧，甚至是大打出手而言，起碼兩人還尚且有交流，但冷戰卻會使原本兩個相愛的人連話都懶得說，瞬間變成「最熟悉的陌生人」，這才是最可怕的。

小李與小夏結婚多年，不知是沒有生孩子的緣故，還是兩人的感情原本就不太深厚，他們經常為了點雞毛蒜皮的事發生口角，簡直是三天一大吵，兩天一小鬧，甚至還動不動便冷戰。剛開始時，過不了幾天小李就會去哄小夏，想不到，小夏竟因此而拿這招來治他，時間一久，小李乾脆跟她比起了忍耐力！

這天，小夏剛回家便四處找東西，小李見狀，問道：「妳這是在找什麼？」

小夏看了一眼老公，轉身坐在了沙發上，回答道：「我沒找什麼呀！」

「妳從一進門就開始到處翻，客廳、臥室都找遍了，甚至連廚房都沒放過，還說不是在找東西？妳到底找什麼啊？重要嗎？要不要我幫妳一起找？」

看著老公一臉認真的模樣，小夏心裡一陣難過，但很快掩飾了過去，笑著說：「沒什麼，不重要！」她停頓了一下，繼續道：「你知道今天是什麼日子嗎？」

「什麼日子？妳生日？上個月已經過了啊！我生日？還沒到呢！」小李說。

小夏盯著小李的臉，試探性地問道：「再想想，2013 年 1 月 4 號的今天！」

小李狐疑地看著自己老婆，開始努力地回憶，但怎麼也想不起來，那天他們究竟做了什麼事，他攤開雙手，無奈地說道：「我實在是想不起來！」

誰知小夏一聽完這話，頓時就變了臉，對小李大吼道：「我看你不是想不起來，而是根本就沒把我們的婚姻放在心上！我們為了趕在『愛你一生一世』這天結婚，整整排了一天的隊，午飯都要你媽送，你居然可以完全沒印象！」

經小夏一提醒，小李這才恍然大悟，怪不得自己總覺得這個日子很熟悉。可是看見小夏滿臉的憤怒，他也氣不過：「妳明知道最近我在為新遊戲發表趕進度，忙得都沒時間睡覺，還給我搞這個，要結婚紀念禮物就直說啊！」

小夏被小李的話氣得直發抖，哭著說道：「算你有種！我跟你無話可說！」說完，她扔下了一個包裝精緻的小禮盒後，便頭也不回地去了房間。

從這以後，兩人便開始了冷戰！剛開始，小夏以為小李是工作忙而沒跟自己道歉，但誰知道，他的新遊戲都已經發表了，他也沒理會自己，每天回來不是看電視，就是玩手機，前天晚上還突然去了客房睡，根本就沒打算跟自己和好！一想到這，她更加生氣了，他犯錯還理直氣壯了，於是小夏收拾了幾件衣服回了娘家。

小夏回娘家沒幾天，小李就過來了，她本以為小李終於肯屈服了，但令她沒想到的是，他們剛到家，小李就遞過來一張「離婚協議書」。原來，小李早已厭煩了這種無休無止的冷戰，既然已經不想一起生活了，不如乾脆做真正的陌生人，各自找各自的幸福。面對這突如其來的一切，小夏當場傻了眼！

世人皆說：「十年修得同船渡，百年修得共枕眠」，可是當愛情到了無法交流之時，兩人的感情便會迅速降溫，漸漸走向一條死巷子。就像案例中的小夏，她不過是想要份結婚紀念禮物罷了，倘若她能提出自己的請求，小李一定會滿足她的，又何須以冷戰相逼。另一方面，小李工作忙需要時間，同樣可以直接告訴小夏，即便她可能會有點不開心，卻不至於氣得非要自己道歉不可！

當然，也並非所有的冷戰都會帶來惡果，偶爾或短暫的冷戰，可以令正在氣頭上的兩人恢復冷靜，反思自己內心真正的需求，從而使今後的生活更加甜蜜。但長期的高頻率冷戰，卻會導致雙方的怨恨越積越深，就算是和好了，心裡也難免會留下陰影，當這塊陰影完全侵占了某一方的心，後果便不堪設想！

要知道，所謂「愛情」，不過是人體裡的「多巴胺」在作祟，一旦它消失不見，無論曾經多麼相愛的兩人，依然會回到人與人最原始的交往中，倘若此時他們沒有溝通，便無法滿足彼此內心的需求，感情也會隨之慢慢地變淡，時間一久，他們自然會覺得對方越來越陌生，到最後，除了離婚，他們別無選擇。

所以，無論在什麼情況之下，都不能輕易選擇冷戰，即便是選了冷戰，也千萬別執著於誰先讓步，因為在愛情的賭桌上，從來就沒有真正的輸贏，不管結局誰輸誰贏，你們的婚姻都是最後的輸家。

愛的練習題

1. 通常哪些情況之下，你會選擇冷戰？
2. 如果你不想冷戰，會如何處理感情危機呢？

缺乏耐心，其實是一種情緒暴力

你的煩躁最好自己消化，因為誰都沒有包容你的責任和義務！

生活中，常能聽見這些話：「好了，我知道了！」、「別說了，我趕時間！」、「好了，好了，下次再說！」、「你煩不煩啊，一直嘮叨個不停！」……顯然，這些都是沒耐心的表現！不僅如此，面對朋友、同事等，我們往往還能控制住自己的情緒，反而在面對親人時，卻怎麼也耐不住自己的性子！

這是為什麼呢？答案很簡單，因為我們知道親人會包容自己，所以才敢如此肆無忌憚！的確，在與「外人」交流時，為了維持彼此良好的關係，我們不但會刻意迎合，還會非常注重溝通的方式方法，但對於親人，由於早已建立了穩固的連結，於是我們便毫不掩飾地放任情緒。殊不知，即便親人再寬容、再大度，也是有血有肉的人，照樣會被你的暴力語言所傷害！

「小元，這幾天天氣變冷了，你得多帶件衣服去上班！」媽媽對兒子說。

「哦，我知道了。」正在看電影《死侍》（*Deadpool*）的小元，抬頭回答道。

「對了，你要是上夜班的話，最好把那套發熱衣穿去，早晚溫差太大，穿暖和點，沒事時也能多瞇一下。」說著，媽媽便轉身找那套發熱衣去了，她找到後，繼續說道：「你看一下，就是這套！我先幫你找出來放著，免得到時候要穿又找不到！」媽媽說著便將這套衣服打開，並放在了小元的面前。

正看得起勁的小元，見衣服遮住了自己的視線，便立刻用手接過衣服，擱在了一邊，此時，他有點不耐煩地說道：「我知道了！妳趕快去忙自己的事吧！」

媽媽見兒子看都沒看那套發熱衣一眼，便拿起衣服準備疊好放起來，她邊疊邊說道：「你記得，是這套深灰的，我幫你放在衣櫃第一個門的倒數第二格抽屜裡，上夜班時你一定要穿啊！」說著，媽媽就去房裡了。

媽媽見小元直勾勾地盯著電視螢幕，心裡還是有點不放心，於是又叮囑了他一遍：「小元，我把發熱衣放在衣櫃第一個門的倒數第二格抽屜裡了！」

小元看媽媽還打擾自己看電影，便不耐煩地說：「好了，好了，我知道了！」

媽媽聽見這句話，心裡很不是滋味，她不過是關心一下兒子，誰知兒子非但不領情，還嫌煩。想著想著，她覺得自己老了，開始惹人厭了，便傷心地走開了！

在現實生活中，很多人都像案例中的小元那樣，溝通時隨意展現自己沒耐心的一面，我們總以為對親人能隨性些，他們不會跟自己斤斤計較，從而忽略了他們的感受和需求。越是親近的人，確實越能相互理解和支持，但他們畢竟不是我們肚子裡的蛔蟲，無法做到在所有事情上都能充分地理解我們，一旦他們理解不了，便會因情感需求得不到滿足，而陷入痛苦的泥潭中！

當然，除了親人，對「外人」我們也時常會表現得沒耐心。雖然在他們面前，我們往往會顧及對方的感受和需求，但當處於某種特定的情境之下，我們的耐心同樣會被消磨得一乾二淨。每每此時，對方就會產生怨恨心理，要知道，他們可沒責任和義務包容你，到那時，你們之間的關係必然會受到影響！

「要開始了啊！你準備好了沒？」李明澤詢問自己新收的學員道。「準備好了，教練，我們開始吧！」新學員有點激動地回答。

「好！你先發動一下車子！」李明澤坐進副駕駛座，漫不經心地說。

「好的！」新學員說完，便轉動了鑰匙，一腳踩在了煞車上！

李明澤眼見車子半天都沒挪動，就看了一眼新學員，這一眼差點沒把他氣死，只見他腳踩著煞車不動，手裡則拿著鑰匙不停地轉，臉上還寫滿了疑惑！

「跟你說過多少遍，左邊煞車、右邊油門，你怎麼就記不住呢！」李明澤說！

新學員一聽這話，趕緊換了隻腳踩油門，車子果然發動了！正當他剛找到一點感覺時，前面就要轉彎了！這時，李明澤說道：「注意，車子要向右轉了啊！」

李明澤不說還好，一說竟嚇得這新學員使勁往左轉，看見這一幕，身為教練的李明澤趕緊喊停：「停、停、停！你給我停下來！我都說了右轉，你還往左轉！」

「對不起李教練！我一時激動，弄錯了方向！」新學員低著頭趕緊認錯！

……

一整個上午，這位新來的學員都在被沒耐心的李明澤訓斥，若不是男兒身，搞不好他當場就會哭給李明澤看！從那以後，這新學員看見李明澤便如同老鼠見到貓，是能避則避，能躲多遠就躲多遠，也不敢單獨跟他在一起，總是找藉口離開！

提起汽車教練，很多人都不喜歡他們，為什麼呢？因為很多教練都缺乏耐心！的確，面對那些怎麼教都會犯錯的學員，教練往往很難保持自己的耐心，但這並不意味著他們就可以肆無忌憚地使用暴力溝通，忽視學員們的感受和需求。沒人會樂意跟態度粗暴、語言不客氣的人打交道。

如果你不想重蹈暴力溝通的覆轍，那就盡量做到以下兩點吧！

站在對方的角度看問題

我們常希望別人能多理解自己，對方往往也是這麼想的，若我們只顧自己的感受和需求，必然就會忽略對方的，從而導致了暴力的溝通。實際上，只要我們能換個角度來考慮問題，便能在理解對方的基礎上，有效減少自己的負面情緒，屆時，我們會用更適合的方式來表達，以避免不必要的傷害。

請讓對方把話說完

當我們沒耐心時，常常會粗魯地打斷別人，以致對方無法說出自己的感受和需求，溝通也會隨之戛然而止。人與人之間的情感，往往是透過滿足彼此的需求來建立的，你若剝奪了對方的這項權利，那就永遠都別想增進你們的關係。

愛的練習題

1. 你覺得自己有沒有耐心？為什麼？
2. 面對別人的沒耐心，你通常會怎麼做呢？

第二章
改變溝通方式，選擇「愛的語言」

在這個幸福感劇減的現代社會，人與人之間充斥著冷漠和懷疑，早已忘卻了愛原本的模樣，若想改善目前這種缺乏愛的生活，將自己從冷漠的深淵裡解救出來，我們就必須扔掉那些暴力的溝通方式，戒掉那些不好的溝通習慣，讓彼此再次變得溫暖、親密。也許，我們已遺失「愛的語言」許久，但只要運用非暴力溝通，便可以重新將它拾起，用愛去擁抱世界，用心去感受幸福！

別用「道德標準」困住自己與他人

恨常源自我們將衝突歸罪於對方，從而忽視了彼此內心的感受和需求！

人們常常以自己高尚的道德準則為傲，很多人為了能擠進「高貴」的行列，已經漸漸模糊了對愛的定義！或許，有人會覺得這是危言聳聽，不信來看看：若某個人的言行有違我們的價值觀，那麼，這個人就會被視為是邪惡的，久而久之，我們便產生了一種固定模式——人的行為只有道德和不道德，為了令自己站在道德這邊，我們只好將不道德都丟給別人。

生活中，人們總以貌似客觀的語言來表達自己，但事實上，情感的天平早已向自己傾斜了數公釐，如女友想讓你更體貼些，那她就是「黏人精」；反之，你想得到更多的體貼，那她就是「一塊木頭」；父母交代的事情你不想做，那他們的要求就「過分」；有人在你買火車票時插隊，那他就「真是沒素養」……

也許，那些被我們推向不道德的人願意做出讓步，但可以肯定的是，這絕非出於他們的真心，可能因受到了威脅或是為了向你表達歉意，在這種外在和內在的壓力之下，他們不得不選擇屈服，一旦眼前的危機解除，他們必然會在心裡對我們產生負面情緒，到那時，彼此間的情感連結也會戛然而止！

筱雨的父母在她出生後開了家貿易公司，為了發展自己的事業，他們選擇將筱雨送到鄉下的爺爺奶奶家。轉眼間，筱雨已經成了一位亭亭玉立的大女孩子，馬上就要上大學了，此時公司已經步入正軌，父母想把她接回都市中居住，一方面可以好好地照顧她，另一方面也能讓她離自己的學校近一點，不用來回奔波。

看著眼前這個帶著鄉土氣息的女兒，筱雨父母的內心有點百感交集，他們覺得自己虧欠女兒太多，一定要在今後的生活中補給她！於是，他們帶著筱雨去買衣服、換髮型、做美甲等，改變形象後，他們又陪筱雨去公園看美景、去動物園看大猩猩、去遊樂場玩摩天輪……就這樣，一家三口每天都沉浸在濃濃的愛裡！

然而好景不長，父母那滾燙的愛火被筱雨的不善言辭漸漸澆熄了！這一天，筱雨像往常一樣放學回家，因為下午沒有課，她回家後便窩在沙發上看韓劇《太陽的後裔》。眼看太陽快要下山了，爸媽才拖著疲憊的身體回來了，由於最近公司有批貨出了問題，他們根本無暇管家裡的事，這一不管，家裡簡直變成了豬窩：垃圾桶裡堆滿了垃圾；餐桌上的剩菜和碗筷也一片狼籍；客廳隨處可見吃完的泡麵袋和各種打包盒；廁所已被髒衣服徹底占領……

看到這一幕，爸媽二話不說，脫下外套就開始收拾屋子，媽媽見筱雨正躺在沙發上發呆，便對她說道：「小雨，妳別窩在沙發裡了，快點把所有泡麵袋和打包盒都裝起來，然後跟那些垃圾桶裡的垃圾一起拿下去丟掉吧！」

筱雨因看《太陽的後裔》哭得稀裡嘩啦，剛想躺沙發上緩一緩，卻聽見媽媽讓她出門，頓時心裡就不高興了，回答道：「妳別這麼過分好不好，我不做！」

聽完這話，媽媽不由得愣住了，但很快便反應過來，然後默默地收拾垃圾。

剛開始，面對筱雨如此，父母只是心裡有點不太舒服而已，可是當類似的情況越來越多後，他們就有點吃不消了。儘管他們不斷地勸服自己別跟她計較，這些不過是雞毛蒜皮的小事，平日裡她還是很乖巧懂事的，但心裡那桿愛的天平還是不自覺地向外傾斜了，畢竟筱雨的話語還是挺令人傷心的！

其實，沒有誰會刻意地去傷害別人，就像案例中的筱雨，她並不是不願意幫媽媽分擔家務，只是用錯了方式來表達內心的需求，如果她對媽媽說：「我現在很難過，需要躺在沙發上緩解一下情緒，能不能別讓我出門倒垃圾？」相信媽媽聽到這話後，多少能理解一點她的感受。

當我們將不道德推向別人時，內心往往都隱藏著自己的價值觀和某種不為人知的需求，然而，透過批判別人來表達的需求，勢必很難得到滿足。所以，我們若想留住生活中的愛，就不能被道德「綁架」，一定要跳出自己固有的思維模式，將自己的價值觀和需求從道德的框架中抽離出來，學會真正客觀地評價自己和他人，這樣才能減少生活中不必要的衝突，讓愛乖乖地回來！

愛的練習題

1. 當你遭遇挫折，是直接將責任推給對方，還是會客觀思考問題究竟出在誰的身上？
2. 你跟別人交談時，是張嘴就說，還是會想一想雙方此刻的需求呢？

強硬的態度，往往適得其反

那些命令的、強勢的、逼迫的語言，不過是徒增他人的反感罷了！

酒桌上，常能聽見這樣的流行語：「來，我乾杯，你隨意」、「感情深一口乾，感情淺舔一舔」、「你不喝了這杯酒，就是不給我面子」……雖然大多數人礙於情面，喝下了杯中酒，但心裡卻並不痛快，甚至還有點埋怨對方，即便當時沒有發作，事後也必然會耿耿於懷，謀劃著下次還擊對方。試問，這種強勢之下的溝通，又怎能達到真正的效果，不過是些觥籌交錯間的虛情假意罷了！

事實上，生活中的強勢溝通遠不止於此，例如，父母對孩子，上司對下屬，長輩對晚輩等等，他們那些否定、指責或嘲諷的暴力言語，常會令我們的情感受重創，這種傷害遠遠超過了肉體上的打擊。無論是無心之失也好，還是有意為之也罷，最後只會導致一種結果：彼此變得冷漠、隔閡，甚至仇視！

「小燕，功課寫完了沒？」媽媽厲聲地對女兒說道。

正在看卡通的小燕先是一愣，隨後回答：「看完這集就去寫！」

「什麼？妳再給我說一遍，什麼時候寫作業？」媽媽顯然有點不高興。

「這集馬上就結束了，我看完立刻去做功課！」小燕向媽媽保證道。然而媽媽卻不吃這套，大吼道：「叫妳吃完飯寫作業，妳說玩一下遊戲就去寫；要妳午睡起來去寫功課，妳說從樓下小妮家回來就去寫；現在，妳又跟我說等看完卡通片再寫作業。妳是覺得老媽好唬弄，還是根本就不想做作業啊？」

小燕見媽媽竟挖苦自己，便也生氣了，辯解道：「我週末不玩，什麼時候玩？再說了，明天又不用上學，這麼著急寫作業做什麼？」

媽媽一聽這番話，頓時火冒三丈，立刻咆哮了起來：「妳還好意思去找小妮玩，人家每次回來的第一件事就是寫作業。難怪她總是考第一，妳只能是倒數！」

媽媽的話刺痛了小燕的心，她當即便轉身回房，將頭躲在被子裡哭！

在現實生活中，像小燕媽媽這樣的人不在少數，他們總以居高臨下的姿態，去命令或要求孩子必須做什麼，一旦孩子反抗，他們便會施以暴力語言。殊不知，這種一味地強勢，非但發揮不了任何作用，還會給孩子的心靈造成傷害，以致孩子漸漸走向叛逆或敵對的道路。

徐海倫看了眼時鐘，哼著歌等待著下班，他忍不住想起女朋友看電影時的模樣，心裡頓時樂得開花。誰知就在快要下班的時候，他的上司穆蘭從辦公室走了出來，高聲宣布道：「這是剛接到的新專案，今天必須計算出它的可行性，就算加班也要完成這個任務！」說完，穆蘭便轉身回到了辦公室裡。

穆蘭的一席話，令整個小組都炸開了，這個說：「不是吧，今天又要加班啊？」那個說：「我都答應孩子要陪她出去玩了，這該怎麼辦？」另一個說：「這簡直太悲慘了吧，怎麼我待的這個組老是被剝削、壓迫啊！」聽到這些，徐海倫也不好再說什麼，畢竟他只是個剛加入的新成員，根本沒資格抱怨這些事情。

令徐海倫沒想到的是，這僅僅只是一個開始，跟接下來發生的事相比，這不過是小巫見大巫。連假前夕，穆蘭讓大家收假後每人交一份新方案上來，也許對於那些老員工而言，一個方案也就浪費四五天的時間，但對徐海倫來說，簡直就是個不可能完成的任務，即便七天都在家加班，時間也不夠用。

收假後，穆蘭見徐海倫的方案還是個「半成品」，當下就發作了：「你是怎麼回事？沒帶耳朵來上班嗎？我說過每個人都必須交個新方案，你這是什麼？」

徐海倫剛想開口解釋，卻被穆蘭攔截了：「你不用再跟這個專案了，把手上的資料整理一下交給徐曉玲，我絕不允許自己的專案裡出現任何錯誤！」

徐海倫被穆蘭說得臉一陣紅、一陣白，望著大家投來的同情目光，他恨不得找個縫鑽地底下去。隨後，他便調到了其他組工作，同事們發現這種情況後，竟紛紛仿效起他來，在工作中頻頻出錯，而且一次比一次錯的離譜，結果穆蘭這組就剩下她一人孤軍奮戰。由於她早已「名聲」在外，所以幾乎沒人願來她這組工作，久而久之，公司不得不取消了這個小組，將她分配到其他組去工作！

穆蘭的強勢溝通，讓她的組員們很反感，可她自己卻渾然不知，而她對徐海倫的批評與否認，竟無意中成了大家的救命稻草，大家為了逃離她的「魔爪」，不惜以工作中出錯作為代價。她的暴力溝通方式，不僅僅只是令人反感這麼簡單，早已成為了生活中的一顆毒瘤，令她跟幸福失之交臂！

倘若穆蘭能在組員們紛紛離開時，稍稍反省一下自己，改變那種盛氣凌人的姿態與咄咄逼人的語氣，搞不好她不但能保住組長的職位，甚至還可以獲得高升的機會。生活不可能盡如人意，很多事我們都無法改變，即使你擺出一副高高在上的姿態，也沒有任何的作用，你能做的唯有改變自己的內心。

更何況，沒人願意被別人使喚，這很容易使人心生抗拒；反之，若對方心平氣和地跟你溝通，或請求你的幫助，令你心甘情願地去做，哪怕再難完成的事，你都會嘗試著去做！這就是溝通的魅力，只要你用心、用愛、用非暴力去溝通，幸福自會來到你身邊！

愛的練習題

1. 在與人溝通時，你有沒有強人所難過呢？
2. 面對別人的強勢，你是選擇默默承受，還是斷然拒絕？為什麼？

比較心態只會讓人感到痛苦

比較心態往往只有兩種結果：一種是傷害了對方，另一種則是弄痛了自己！

也許，你長得沒別人漂亮;也許，你沒別人那麼有錢;也許，你口才沒別人好……生活中的我們常會經歷很多個「也許」，以致情緒低落不願與他人交流，甚至選擇了用暴力的方式去溝通，結果不但傷害了對方，更弄痛了自己，得不償失。所以，千萬不要被比較心態矇蔽了心智，它可是會毀了你的幸福的！

一直以來，王小樂與妻子莉莉雖不富裕，但小日子卻過得還算幸福，但不知道為什麼，莉莉最近像是變了個人一般，動不動就跟這個比，跟那個較，以致家無寧日。這不，莉莉下班回來又陰沉著一張臉，王小樂本不想去招惹她，但又怕她不說出來會憋壞了身體，無奈之下，他只好硬著頭皮過去，輕輕地問了句：「怎麼了？」

誰知這一問竟點燃了妻子的「引線」，她激動地說道：「你知道我那個閨密琦琦嗎？她家女兒上了貴族幼兒園；還有我那個同事小張，他兒子上了國際幼兒園；就連公司那個剛來的小李，都把孩子送進了雙語幼兒園呢！你再看看我們女兒，只能窩在小小的便宜幼兒園，想想就鬱悶！」

王小樂聽完妻子的一番「咆哮」後，默默地低下了頭，沒有接話。莉莉見他對此毫無反應，當場就情緒失控了，轉身趴在沙發上哭起來。哭了幾分鐘，她便抬起頭看著丈夫，邊抽泣邊吼道：「你說，為什麼我們女兒要上那個破幼兒園？教學環境、教學品質都比不上別人，你告訴我為什麼，為什麼？」

一陣沉默後，莉莉聲嘶力竭地吼道：「我不管，我的孩子不能比別人差，小李家庭條件還沒比我們家好，我們不至於比他差吧？我要把孩子送去好的幼兒園，不管你同不同意！」

莉莉說完這話便起身回房了，只留下「砰」的一聲巨響！

人與人之間的連結十分微妙，既有幸福與不幸的感知，也有快樂和悲傷的情緒，而這些往往都來自比較心態。當有些人的需求得不到滿足時，他們就會感到不幸；當有些人的憤怒得不到宣洩時，他們就會覺得悲哀……每每此刻，他們都會以暴力的方式讓對方關注自己，以致最後不是互相傷害，便是不歡而散。

對此，案例中的莉莉便是最好的證明！她並非是真的想送女兒上高級幼兒園，否則女兒早就已經在高級的幼兒園就讀了，她只是氣不過別人比自己過得好，需要找人發洩一下罷了。若她坐下來好好跟丈夫聊聊，她的生活一定會比現在幸福得多；抑或她能柔和點、理性點跟丈夫好好溝通，搞不好過不了多久，他們就決定要克服一切困難，讓女兒讀更好的學校。

你能羨慕別人擁有的你沒有的，卻不能因比較去嫉妒別人，將自己困在狹隘的牢籠中，把自己的每次對外溝通都成變成傷人的利器。人在比較時往往是衝動的、不理智的，越是拿自己缺的和別人比較，就越會覺得生活太悲慘，此時早已被痛苦包圍，又哪裡容得下一星半點的幸福。而實際上，只要放緩了心態，不去比較，做好那些自己擅長的事，便能從滿足感裡一點點地累積幸福！

下午茶時間，一幫女同事們正吃著點心、喝著咖啡閒聊，突然，眼尖的小雲看見婉茹右手的無名指上閃閃發光，便立刻問道：「哎呀！婉茹，好美、好亮的鑽石戒指啊！滿貴的吧？」大家聽見這話後，也紛紛看著婉茹，期待她的回答。

婉茹莞爾一笑，回答道：「老公送給我的結婚紀念禮物，沒花多少錢！」

婉茹的話頓時迎來了大家的熱議，這個說：「妳老公真好！」那個說：「妳簡直太幸福了！」誇得婉茹都有點不好意思起來，連忙說：「亂講，哪有！」

轉眼間，下班的時間到了，同事們都像往常一樣各自回了家，唯有小雲，還沒進門就已經開始喊：「老公，買條『Dior』

的項鍊給我吧，什麼樣式的都行！」

「昨天不是才買了個名牌包給妳嗎？等下個月我發了獎金再買，好不好？」老公說完，便端著做好的菜，上前說道：「快，我做了妳最愛吃的紅燒排骨！」

小雲見狀，接過菜放回桌子，繼續說：「每次都這樣，我的包哪有人家婉茹的鑽石戒指顯眼啊，根本就沒人看一眼，我明天必須帶個『Dior』的項鍊去上班！」

「我不是說了，下個月發獎金就買嗎？」老公說著，將碗筷遞給了她。

小雲仍然不依不饒的纏著老公：「大不了我不要鞋子了，你今天就買吧！」

「別鬧了，吃完飯都幾點了，還出去買項鍊！」老公明顯有點不高興了！

「人家店家起碼得十點才關門，我們來得及！」小雲繼續糾纏。

「我累了一天了，吃完飯得休息，要去你自己去吧！」老公說完，飯也不吃了，轉身便去了客廳看電視，小雲見狀一肚子惱火，直接摔掉了桌上的飯菜！

就這樣，原本整整齊齊的家，轉眼就變成了一片狼藉！

這個世界上，沒有同樣的兩片葉子，也沒有相同的兩個人，你有你的幸福，別人有別人的痛苦，根本就沒必要去比較，與其在比較中自尋煩惱，不如學會珍惜自己擁有的，讓生活過得更幸福、更快樂些。屆時，那些暴力溝通也會因害怕而躲著你，而被愛填滿的你，不但可以滿足自己內心的需求，更能深刻體會到別人的感受和需求，無論你跟誰溝通，都必將是一顆散播幸福的種子！

生活本就應該由快樂來支撐，而不能被貪念所奴役，每個人都各有其樂，你在羨慕別人的同時，卻不知你此刻的生活亦是別人所羨慕的。別人有別人的美好，我們有我們的幸福，試著放下那些內心的不平衡，不拿自己缺的跟別人多的進行比較，那樣，你就會發現自己周圍充滿了陽光，你的生活正閃閃發亮！

愛的練習題

1. 生活中的你喜歡比較嗎？若喜歡，主要體現在哪方面呢？
2. 若親人或朋友因比較而對你抱怨時，你會怎麼處理呢？為什麼？

逃避責任，是溝通破裂的開始

你若能勇敢地承擔起責任，結局也未必會如你想的那樣糟糕！

生活中，常能聽到這句話：「沒辦法，壓力大，我不得不這樣做！」語氣之悲哀，彷彿全世界自己最可憐；工作中，又總會遭遇這類語言：「主管說了，這事就要這麼做！」態度之強硬，令人無法拒絕。我們在各種「不可抗拒的命令」下隨波逐流，一旦事情有偏差，便直接將責任推給「下令」的人或事，彷彿自己不過是聽從指揮，執行了一個錯誤的安排而已，並不是此事的罪魁禍首！

在面對自己的錯誤時，鮮少有人會勇敢地承擔責任，大多數人都以「我沒選擇」、「我必須這樣」、「我不得不如此」等為藉口，來掩蓋自己本應負起的責任。這種逃避責任的溝通方式，除了會在別人的心裡留下陰影之外，也會影響到你們今後的關係，甚至還會導致彼此間的感情破裂，畢竟誰都不願為他人犯下的錯買單，無論對方是最好的朋友，還是最親密無間的同事！

張汀維初來乍到，經常受老員工們的欺負，總讓他幫忙做這做那的。

有一次，老員工文君又發牢騷了：「唉，工作怎麼總也做不完啊！」此時，張汀維恰好從他身邊路過，他如同看見了免費勞力般興奮不已，一把抓住了張汀維的手，說道：「你來得正好，幫我把這份資料做完吧，明天主管就要，非常重要。我今天有個非常重要的約會，拜託了！」說著就把檔案塞給張汀維，自己直接下班了。

可憐的張汀維熬了整整一晚，連家都沒回，才幫文君弄完了那堆資料。第二天，主管黑著一張臉出來，手裡還拿著那份資料，只見他氣衝衝地吼道：「誰做的這份文件，給我站出來！」大家你看看我，我看看你，鴉雀無聲。主管見狀將檔案往桌上一丟，再次火星四射：「誰？現在、立刻、馬上給我站出來！」這時，張汀維小聲說：「這是文君的報告！」主管憤怒地對文君說：「數據統計你都能弄錯小數點，害公司損失了一個大客戶，妳被開除了！」說完頭也不回地走了。

此刻的文君氣憤不已，便找張汀維理論：「這報告明明是你做的，為什麼把我推出來！你幫我完成了工作，我很感激，但這個黑鍋我不能幫你背！」

張汀維聽後回答：「這本來就是妳的報告，即使我不說，主管也能查出來，怎麼是我推你出去的呢！有本事妳現在就去告訴主管，妳的工作是我幫妳做的！」

文君聽完這番話氣得渾身發抖，他發誓一定要整死張汀維！私下裡聯絡了幾個老同事。果然，數月後的一天，張汀維因被老員工們欺負得實在受不了了，不得不向上司提交辭職報告。

文君和張汀維，一個是不想承擔自己的本職工作，一個是不想為自己犯下的錯誤負責，兩人都選擇用暴力的方式與對方溝通，忽視對方內心的情感，更無視對方的需求，最終兩人都為此付出了代價。

「小海，我昨天拜託你的事怎麼樣了？」阿雄邊舉杯敬小海酒，邊問道。

「哦，你兒子上我們學校那件事啊，絕對沒問題！」小海端著杯子回答。

「真的？那太感謝你了！來，乾杯！」阿雄一臉高興地說道。

沒過幾天，小海請阿雄吃飯，兩人又坐在酒桌上喝了起來，寒暄一番後，小海終於進入了正題：「哥哥啊，老弟對不起你，你兒子那件事搞砸了！」說著他便將杯中酒一飲而盡，繼續道：「我們以前的那個招生辦主任，的確跟我很熟，所以你當時拜託我我立刻就答應了！但誰知道，今年換了個新主任，而且還是我的死對頭！都怪我太有自信了，沒先去看看情況，我的錯我認了，你怎麼懲罰我都行！」

原本阿雄聽到頭幾句時心裡就不爽，因為眼看著就要到入學日了，現在才告訴他沒辦法，搞不好孩子連普通學校都進不去。但他見小海拚命地自責，心裡也不是滋味，畢竟人家也是好心幫忙，誰能料到竟換了個死對頭當主任了呢！想到這，他的氣已經消了大半，於是說道：「唉，算了，你也盡力了，別太自責！」

小海聽到這話，立刻說道：「是我一時大意了，我在這向你賠罪！不過你放心，我絕不會耽誤你兒子，你若不嫌棄，我馬上幫你聯絡其他的學校！」

阿雄一聽，頓時喜出望外，說道：「那太好了！這件事就拜託你了！」

人與人之間往往都有著千絲萬縷的連結，你若想獲得幸福，就必須理清這些感情線，而要做到這一點，首先得學會承擔責任，唯有如此，我們才能既滿足了自己內在的情感，又滿足了對方的需求，否則，一味地將錯誤都推給別人，即便有人願意接受，那也不過是暫時的，時間一久，他終究還是會選擇離你而去。

要戒掉迴避責任這種天性很難，並且大多數時候自己還會「痛」，可是只要我們勇敢一點，聆聽自己內心的聲音，與心靈來一場暴風雨般的洗禮，那麼，你的人生將會截然不同。就像最美的彩虹，往往要經滂沱大雨的沖刷，才能呈現出自己最好的一面。所以，勇敢地擔負起責任，去迎接人生新的里程碑吧！

愛的練習題

1. 生活中，你是否覺得總受某種力量的驅使而去某件事？
2. 在與人溝通時，你是勇於承擔責任的人嗎？為什麼？

過濾外界雜音，傾聽自己的內心

你若不想每天都亂發脾氣，就趕緊關掉外界的那些「噪音」吧！

這個世界，總在無形中告訴我們很多：只有這樣做，才能好好地適應社會；選擇這一行，才能讓跟得上時代；跟這個人結婚，父母才能放心；做這件事，才能賺更多的錢。然而，在你考慮這些問題時，有沒有想過自己是否願意？如果你並不願意，即使父母能放心，你能多賺點錢，但會幸福嗎？這時，你不妨關閉那些內心之外的「噪音」，忽略外界所謂的提示，只聽從自己的心聲。

在成長的過程中，我們既獲得了寶貴的知識，也吸收了不少無益的教誨，它們大多來自父母、老師或摯友們的循循善誘，以致我們養成了聽從他人的惡習，將拋棄自己的內心需求視為理所應當。殊不知，若你長期隱藏著自己的需求，便無法在溝通中更好地表達自己，這往往會導致你辭不達意，不但會出現生氣、急躁等現象，甚至還會令對方產生誤解，傷了感情。

「小維，你的志願表填好了嗎？」父親問道。

「早就填好了，我選了自己喜歡的機械系！」小維回答。

「什麼？你選了機械？不是叫你選金融管理嗎？我就你這一個兒子，你去讀機械，我這麼大一間公司將來誰接手？！」父親明顯有些不高興了。面對父親的質問，小維竟無言以對，只好選擇了沉默。父親見兒子沒有辯解，便開始對他循循善誘起來，旁邊的母親也加入了勸阻的行列，他們一邊分析目前嚴峻的就業情況，一邊訴說著兒子就該子承父業。在父母的規勸下，小維無奈地更改了自己的大學志願，將「機械工程」改成了「金融管理」。

大學畢業後，小維順理成章地進了父親的貿易公司，剛開始時，他還能敷衍地應付著公司的工作，但時間一久，他就受不了了，每天上班都懶懶散散的，怎麼都提不起精神，再後來，他開始痛恨這份工作，於是，他上班只做那些不得不做的事，其他的則一律不聞不問，甚至有時乾脆「缺席」。

這天，父親實在忍不住了，於是叫來兒子，詢問道：「小維，你最近是怎麼回事，經常遲到早退，讓人觀感很差，員工們會認為我是個公私不分的老闆！」

「有什麼影響，他們做他們的，我做我的，互不相干！」小維回答。

「你是公司的繼承人，要做表率，否則以後怎麼服眾？」父親厲聲說道。

小維一聽到將來要繼承公司，頓時一個頭兩個大，心裡十分不情願，但嘴上又不好意思直說，於是賭氣道：「我做不做都能得到公司，那麼辛苦幹嘛！」

「你、你、你是想氣死我嗎？我怎麼生了你這個不孝子！」父親吼道。

「我怎麼不孝了？你讓我改志願，我就改了志願，你叫我學金融管理，我就學了金融管理，你還想要我怎麼樣？」小維氣憤地說完，便頭也不回地離開了家！

父親愣了一下，看著兒子離去的背影，忍不住老淚縱橫！

幸福往往是需要付出代價的，你要想過得身心愉悅，就必須先關閉內心之外的「噪音」，因為唯有時刻傾聽自己內心的人，才會懂得珍視別人的心聲，否則就會像小維一樣，既忽視了自己的需求，也全然不顧父親的需求。其實，只要他對父親說：「我實在不想去上班了，我需要一份自己喜歡的工作，我若繼續留在這，只會讓你丟臉，你還是讓我離開吧！」相信父親聽後也不會難為他。

實際上，外界的干擾遠不止於此，如你和新來的女同事有所接近，就會有人懷疑你居心不良；你到某主管辦公室去了一趟，便會引起同事們的議論；你說話直言不諱，別人便感覺你驕傲自滿，目中無人；如果你工作第一，不管其他，別人會說你不是死心眼，就是權欲野心……天曉得為什麼會有這麼多的是是非非，以致這些蜚短流長的議論和竊竊私語無處不生，並無孔不入。

面對這些，你若一個不小心亂了心智，勢必會引發一場不必要的爭論，傷了彼此的感情不說，也可能令自己的生活變得不幸！對此，你大可以選擇關閉這些無聊的「噪音」，多想想自己內心真正需要的是什麼，是一次激烈辯論換來的不愉快，還是用言行去擊破別人的猜疑。很顯然，聰明人往往都會選擇後者。

請學會關閉內心之外的「噪音」，無論你想要的是什麼，哪怕它是所有人眼中的另類，都應該信任自己的心，因為你的幸福，終究要靠自己去創造。別在乎他人的看法，更不要按照別人的想法去生活，若按照別人的想法生活，便注定了你的人生只能不幸，唯有對自己充滿肯定和信任的人，才能滿足自己的需求，活出屬於自己的精采，也只有這樣的人生，才會絢麗多彩、跌宕多姿！

愛的練習題

1. 你現在的生活是自己想要的嗎？
2. 面對別人善意的提醒，你會如何選擇？為什麼？

你必須先弄清楚自己眞正的需求

若你的內心不夠鮮活，那麼你的情感也會隨之消沉，失去愛的能力！

不知從何時開始，越來越多的人患上了選擇恐懼症，實際上，他們並不是真的害怕選擇，而是不知道自己想要的究竟是什麼。當他們面對事物時，內心常常會出現兩種不同的聲音，一種是「你可以的，怎麼選都能搞定！」；另一種卻是「不行，千萬別選，選錯了很丟臉！」它們相互拉扯著，使我們的內心也陷入了僵局。

不難看出，這兩種聲音將矛頭指向了我們的內心，由於我們不了解自己的需求，從而導致內心出現了激烈的掙扎，當各種迷茫和不確定湧上心頭時，我們就會變得煩躁、焦慮、痛苦……試想，若以這種狀態去跟人溝通，即便你能抑制自己不亂發脾氣，也無法說出什麼好話來，勢必會為彼此的感情蒙上一層陰影！

小瑾懷孕後，便辭職在家養胎了，她本以為告別忙碌的工作，自己一定能愉快很多，但事實卻是閒下來後，反而令她更難受。她每天除了吃飯、睡覺、看電視，就是做點簡單的家事，由於老公還要上班養家，家裡經常只有她一個人，她連個說話的人都沒有。這樣的生活讓她覺得非常壓抑，卻又無處訴說。

這天，小瑾對剛下班的老公說：「老公，不知道為什麼，我總覺得很鬱悶！」

「怎麼了？是不是身體不舒服啊？我們趕快去看醫生！」老公擔心地說道。

「不是，我身體沒事，就是心情不太好，怎麼都高興不起來。」小瑾回答。

「哦，沒事，剛當上媽媽是會有點不習慣，等過陣子習慣了就會好的。」

「是嗎？可我經常會覺得莫名的煩躁、不安，也不知道究竟是怎麼回事。」

「妳別胡思亂想了，沒事的，只是剛懷孕還不適應，慢慢就會好的！」

「可是寶寶現在都已經 5 個多月了，我也不吐了，怎麼還是這樣呢？」

「那妳想怎麼樣呢？只要妳說出來，我一定能辦到！」老公看著小瑾說。

「我、我、我……我想怎麼樣，你不知道嗎？你是怎麼當人家老公的？」

面對小瑾的回答，老公愣了一下，不知道她為什麼突然發脾氣，但由於她現在懷著孩子，情緒不能太激動，便趕緊道歉：「好、好、好，都是我的錯，妳千萬別太激動，這樣吧！等我忙完了手頭上的工作，就請個長假陪妳，怎麼樣？」

「你手頭上的工作什麼時候弄完過，這個專案完了，還有下一個，騙誰呢！」

「那妳說怎麼辦？總不能讓我辭職吧！就算我不吃，妳跟孩子也得吃啊！」

「你這是什麼意思？是嫌我沒賺錢，整天吃你的、喝你的，對吧？！」

「妳知道我不是這個意思！別扭曲我的話！」累了一天的老公有點煩了。

「那你是什麼意思？你說啊，你告訴我！」小瑾一聽這句話，頓時就生氣了！

「好了，好了，都是我的錯！別生氣，會氣壞身體的，我這就去做飯，不能餓著我的小寶貝。」老公見小瑾生氣了，連忙認錯，好讓她先消消氣。

誰知道，小瑾聽完反而更生氣：「對，不能餓死孩子，餓死孩兒他媽！」

面對小瑾的話，老公只能無語地搖了搖頭，轉身走進了廚房做飯，任憑老婆氣鼓鼓地在沙發上發脾氣！他知道，若繼續跟她溝通，只會使情況越來越糟，不如讓她自己先冷靜一下！此後，老公便不敢跟小瑾說話了，生怕一個不小心又惹她不高興，要是因此而導致她流產，那他的罪過可就大了，還是躲著她比較好！

倘若你認為小瑾的經歷只是個特例，那就錯了，不可否認，女人懷孕時各方面都會有所變化，但也正因為如此，才凸顯了我們對自己內心的不了解。從案例中我們不難發現，小瑾根本不清楚自己想要的是什麼，以致於她在跟老公溝通時無法提出請求，連她自己都不知道內心的需求，她的老公又怎麼會知道呢？於是，兩人的交流漸漸走進了死胡同，若不是她懷有身孕，想必又會是一場災難。

在快節奏的現代社會，我們已習慣了在工作和家庭之間來回奔波，雖然我們因此而疲憊不堪，卻鮮有人能平衡這座天平，每每都被生活折磨得心力交瘁。儘管如此，這也不能成為我們忽視自己內心的藉口，要知道，你所有的情感都源自那顆心，若它無法鮮活地存在，那麼你的情感也會隨之消沉，唯有了解它、看透它、讀懂它，你才能打通身體裡的任督二脈，使表達更富有活力和熱情！

然而，生活的瑣碎，卻難免讓人亂了心神；殘酷的現實，也總擾亂著脆弱的心靈，這種種因素每每都會影響我們的判斷，使得我們在事物面前猶豫不決、患得患失，更令人沮喪的是，造成這一切的源頭竟是自己！事實上，你只要解決了內心的那些衝突，什麼選擇恐懼症、社交障礙等等，便通通都不是問題。所以，你得學會了解自己，並遵從自己的本心，千萬不要活得糊里糊塗！

人這輩子最幸福的時刻，莫過於能做自己想做的、願意做的、可以做的事情。雖然我們的欲望可能無法填滿，但起碼我們能做到心裡有底，不至於失去奮鬥的目標，到那時，哪怕我們在歲月的長河裡，一次又一次地跌倒，也絕不會喪失愛的能力，而是令自己不斷地蛻變，成為一個可以愛人、並被人愛的人！

愛的練習題

1. 溝通時，你知道自己想要的是什麼嗎？
2. 你覺得自己是個有主見的人嗎？為什麼？

善待自己，也學會善待他人

普通人若身上有點無關痛癢的小毛病，搞不好更能讓人喜歡！

在競爭激烈的現代社會，我們無時無刻不在接受來自各方的考驗，唯有表現出最完美的自己，才能獲得上司、父母或客戶等人的認可，誰承想，久而久之，我們竟迷上了「苛待」自己，總試圖改掉自身的壞毛病，以不斷地提升自我；更有甚者，還打著愛的旗幟，悄悄苛刻他人，要求他們也以此為生活準則。然而，別人有別人的生活方式，又豈會認同你的這套標準呢？於是，有趣的畫面出現了：你在這邊乾著急，對方非但不領情，甚至還因此跟你反目成仇。你的苛刻不僅影響了自己的情緒，也忽視了別人內心真正的需求，畢竟誰都不會愛上一個整天挑自己毛病的人，即使這人是血濃於水的父母。

桃莉是個典型的職場「菁英」。多年的職場生涯，早已練就了她嚴格律己的本領，對外她以此帶領屬下，對內她以此管理家庭。

這天，正在看熱門家族劇的桃莉，不由得想起了自己的女兒琳琳，已經上中班的她似乎還只顧著玩，一想到她會變成電視劇裡那不成器的女孩，桃莉便不由得冒冷汗，桃莉當即決定要加強對女兒的教育。從此，桃莉簡直變成了戲劇中那位「嚴母」的現實生活版：要求琳琳每天報告幼兒園的學習內容，並且越詳盡越好，而她則時不時地進行考察，如讓女兒跳段舞蹈、唱個兒歌、背首古詩……

「嚴母」桃莉所做的一切，「慈父」銘文是看在眼裡，卻急在心裡，他認為孩子還小，最重要的是寓教於樂，這樣過度的「教育」，孩子一定會受不了的。無奈桃莉向來在家裡說一不二，在教育的問題上更是如此，每當他想委婉地勸阻時，都被桃莉以「別人的孩子都在學，我們不能落後」之類的話「教育」一番。

就這樣，琳琳堅持了整個幼兒園時期，本以為終於能喘口氣了，想不到進入小學後，桃莉的「嚴母」屬性竟徹底爆發了，為什麼呢？因為琳琳正重複著每個新生都會犯的錯：經常記不得老師交代的作業；字寫得歪歪扭扭，擦了又寫、寫了再擦，以致紙張髒亂；寫作業拖拖拉拉，催一次就做一點點……

看著琳琳這些不盡如人意的表現，桃莉瞬間化身成了「噴火龍」：「妳明明可以寫好這個字，為什麼總要亂寫一通，然後擦了重新寫呢？」

「為什麼錯了這麼多？妳寫考卷時都在做什麼，在神遊嗎？還是妳都不看題目，每次都用猜的？不然我真的不知道為什麼十題妳居然錯了八題！」

「妳是真的沒帶腦子去上學，還是故意不聽老師交代的作業？否則怎麼會三天兩頭就忘記作業？妳要是下次還是忘記，我直接讓老師來家裡告訴妳！」

「妳能不能不要浪費時間？寫作業拖拖拉拉，睡覺慢慢吞吞，起床賴個半天，妳就不能俐落點讓我看看，每天這樣催妳，我都覺得自己的時間不夠用了！」

面對媽媽「刻薄」的教育方式，琳琳大氣都不敢喘一下，唯有戰戰兢兢的全盤接受，她滿肚子的委屈，也只敢在「慈父」面前發洩：「爸爸，我究竟是不是媽媽親生的？我覺得一定不是，不然她為什麼對我如此刻薄，一看見我就開始挑毛病，我真的有那麼糟糕嗎？」銘文每每聽到這樣的話，都忍不住一陣心疼，於是便找桃莉商量，能不能用稍微緩和點的教育方式，可是每次都不歡而散。

漸漸地，銘文和琳琳站在了同一戰線，開始無聲地抵抗桃莉，當桃莉發現他們的「小伎倆」後，非常傷心，她始終不明白老公和女兒為何要這樣對自己。

生活中如桃莉這般的家長並不在少數，對於他們來說，孩子幸不幸福完全取決於起跑點的高低，他們不但要求孩子詩詞歌賦樣樣精通，還得學會琴棋書畫以及十八般武藝，全然不顧孩子的感受。在他們「刻薄」的教育方式下，孩子從沒獲得哪怕片刻的幸福，每一分一秒都是種煎熬！

這時，可能有人會說了：「那我刻薄自己總可以吧？」答案是：也不行！為什麼？因為人有七情六慾，你整天嫌自己這也做不好、那也沒辦法，心情又能好到哪裡去呢？長久下來，別說跟他人溝通了，就連你自己一個人待著，都會忍不住亂發脾氣，若真的有人和你說話，搞不好還未開口，便已經被你罵成了「炮灰」。一千個讀者，就有一千個哈姆雷特，每個人對幸福的定義都各不相同，你心裡的那個未必是別人想要的，甚至有時別人想要的恰恰跟你相反，你若不管三七二十一的都塞給他，不願接受的他只能選擇逃離。所以，千萬不要用你的標準去評價別人，無論你是不是為了他好；同時，也別將自己的尺放得太短，我們畢竟只是普通人，有點無關痛癢的小毛病，才能顯得更真實！

愛的練習題

1. 你覺得是個對自己要求嚴格的人嗎？
2. 面對周圍那些人的小毛病，你通常會怎麼做呢？

衝動帶來後悔，保持冷靜是關鍵

千萬別被衝動牽著鼻子走，不然你會為此付出慘痛的代價！

我們都曾有過這種經歷：有些話剛脫口而出，就後悔了，尤其是當看見對方因此而受傷時，恨不得自己也有個「月光寶盒」，只要說聲「波蘿波蘿蜜」，便能收回那些傷人的詞句！然而我們終究不是「至尊寶」，就算腸子早已悔成了青色，也得咬緊自己的牙根，乖乖吞下一時衝動帶來的惡果！

自從跟妻子離婚後，阿勇便獨自一人撫養著一對兒女，雖然兒子還在上幼兒園，需要花錢的地方不多，但女兒卻已經上國中了，除了學費、生活費這些基本開支，還有各種補習的費用，僅憑阿勇一個人的薪水，每每都入不敷出。

一個週末的夜裡，住校的女兒收拾好衣物後，來到了阿勇的房間，說：「爸爸，我這個月的生活費用完了，只剩下一個多星期了，你能再給我一點嗎？」

「怎麼這個月又提前花光了，妳都拿錢去做什麼？」

「我什麼也沒做，只是你本來就給得少，別人都比我多很多！」

「妳也不看看家裡的情況，老跟別人比什麼！」

「還跟別人比，我要是真跟別人比，我看現在早就不想活了！」

「妳這是什麼話？爸爸是讓妳餓肚子了，還是讓妳受凍？」

「現在哪還有餓死、凍死的，大家追求的是生活品質！」

……

父女倆都越說越生氣，最後演變成了激烈的爭執，火冒三丈的阿勇在一時衝動之下，直接將女兒關在了門外。女兒看著緊閉的大門，再想起父親剛才惡狠狠的責罵，一邊哭一邊小跑著離開了，不一會便消失在夜色之中。

片刻後，阿勇就已經後悔了，但當他再次打開大門時，卻早已不見了女兒的蹤影。那一晚，他像發瘋似的不停地打電話詢問女兒的行蹤，直到他得知女兒在小阿姨家，他懸著的一顆心才總算放下了。第二天，阿勇騎著摩托車接回了女兒，回到家後，誰也沒有開口說話，阿勇一臉的憔悴，女兒的臉上也掛著淡淡的淚痕。此事過後，父女倆便很少交流，再也不像以前那般親密了。

在現實生活中，類似阿勇的經歷屢見不鮮，只不過發生的對象不同而已，如有些是母女、有些是朋友、有些是情侶等，但唯一相同的是，他們都是在一時衝動下，做出了令自己悔恨終生的事。生活中都是一些瑣碎的小事，只要我們能站在對方的立場去考慮，根本就不會出現什麼矛盾，就像阿勇和他的女兒，倘若他們能多為對方想一想，然後真誠地表達內心想法，又怎麼會發生爭執。

很多時候，衝動就像是我們的影子，隱匿在我們的情緒之中，風平浪靜時它躲在角落裡打盹，一旦出現任何風吹草動，它便會跳出來占領我們的身體，使我們無法保持冷靜和理智。也正因為如此，人們才會將它比喻成魔鬼，而事實證明，它的確能令人迷失自己，不受控制地做出一些違反常規的事，每每此時，我們都會付出慘痛的代價，可是當再次與它相遇，我們又會被它牽著鼻子走。

殊不知，這隻人人都避之不及的惡魔，其實也有天使的一面，只要我們不再一味地壓制，而是試著去善待它，便能將它變成幫自己俘獲感情的小天使。

「等一分鐘再發火。」

說到底，衝動不過是瞬間的情緒爆發，只要我們能堅持忍住一分鐘，便可以徹底粉碎它的陰謀！只不過這往往需要很強的自制力，畢竟當情緒失控時，別說一分鐘了，就連一秒鐘我們都會按捺不住！

對此，不妨先來個深呼吸，待冷靜下來以後，再對自己說：「等一分鐘再發火。」然後如火箭發射般倒數，這往往能讓我們稍稍恢復一點理智，屆時，我們才有時間思考自己內心真正的需求。

「先離開這個地方。」

衝動就是我們的一種情緒，而控制情緒最有效的方式，便是趕緊離開那個令你失控的地方。要做到這一點卻並不容易，先暫且不說你能否脫得了身，你能否說服自己離開都是個問題。

對此，我們大可以先閉上眼睛，所謂「眼不見為淨」，只要看不到當時的情景，你的情緒就能稍稍平息，然後你再告訴自己：我要趕快離開這個地方！一旦你離去，新的環境自然能撫平情緒。

「我現在很生氣……」

衝動時，我們都會非常激動，假如此刻你能跟自己對話，便可以轉移自己的注意力，將自己暫時從這糟糕的狀況下抽離。這時，你若能告訴自己當下的感受和需求，那就再好不過了！

愛的練習題

1. 當情緒失控時，你通常會如何處理呢？
2. 你覺得自己是個容易衝動的人嗎？為什麼？

第三章
先學會愛自己，才能真正理解他人

眾所周知，溝通是一門藝術，在專業人士的大肆渲染下，有些人錯誤地認為，溝通針對的只有別人，並不需要顧及自己。殊不知，一個連自己都不愛的人，又怎麼可能去愛他人，去體會他人的感受，去滿足他人內心的需求。要知道，只要先學會愛自己，才能跟別人進行穩定的交流和溝通。一直以來，非暴力溝通提倡的都是注重人性，這裡所指的人性，不僅有他人，更包含了我們自己。

「我的傷疤，正是我的獨特之處！」

若我們習慣於將目光放在自己的缺點上，又怎能感受到人生的美好呢？

人生的歷練總會磨平世人的稜角，但與此同時，往往也會抹去很多自身的優點，例如愛自己。當我們經歷了一次又一次的打擊後，便會潛意識地懷疑自己、討厭自己，甚至怨恨自己。一旦我們被這種負面的自我評價包圍，內心的感受和需求也隨之變得不那麼重要了，當我們對自己的需求都視而不見時，又怎會去顧及他人的感受和需求呢？久而久之，我們便會陷入一種自我憎恨的惡性循環。

當我們開始否定自己時，便會對很多事找理由，如「我的智商沒有別人高」、「我吃不了苦」、「我天生靦腆」、「我不善於跟陌生人打交道」……這些貌似客觀的理由，使自身的需求得不到滿足顯得理所當然。可是事實上，我們的需求越是得不到滿足，就越容易討厭自己，從而害怕與人接觸，甚至作繭自縛！

金峰是個靦腆的男孩，上大學以來，除了自己寢室裡的幾個同學，班上能叫出他名字的人屈指可數。剛開始是因為彼此還不太熟悉，但四年過去了，這種狀況卻依然沒有改變，離別在即，眼看著大家奔波於一個又一個「Party」，而他只參加了寢室的聚會，心裡頓時有種莫名的失落感，覺得很孤獨。

其實，金峰並不是沒有努力過，他曾試著主動跟別人打招呼，誰知卻遭遇了對方不認識自己的尷尬；他也曾積極地和女孩子交朋友，結果對方因嫌他太悶而斷了聯繫……當類似的打擊將他包圍時，他竟得出了個結論：「我不善於跟人打交道。」從此以後，他便放棄了努力，把所有心思都投入到課業中，每天不是教室就是寢室，不是自修室就是圖書館，甚至連吃飯都不敢去餐廳，經常吃泡麵。

大學畢業後，為了盡量避免跟人接觸，金峰選擇了技術性的工作。殊不知，沒有哪份工作是不用跟人打交道的，長期的孤獨令他幾乎忘了該如何交際，面對熱情的同事們，他如同一個趾高氣揚的冰山人，從不給他們正面答覆，也沒有太多的表情。可是下班回了家，他卻不止一次後悔：為什麼當時就不能笑一笑呢？哪怕抬起頭來看對方一眼也行啊……就這樣，他生活在無盡的孤獨和不斷的懊悔中。

在這個複雜多變的社會中，不同環境顯露自己優勢的機會並不相同，如一個體育和其他學科都很棒的學生，當他在注重學科的學校裡時，自然會顯露出他成績好的優勢，而他同樣優秀的體育，則未必能被別人發現；但如果換成一間體育學校，情況可能會恰好相反。然而，明白這一點的人並不多，大多數人都習慣性地只關注自己的缺陷，以致誤導了自己內心的感受，選擇了錯誤的需求。

小雪看著鏡子裡的自己：精緻的五官、窈窕的身材，不由得嘴角微微上揚，但當她餘光掃過鎖骨處的疤痕時，心情瞬間跌落到了谷底。看著這道疤，她心裡不免隱隱作痛，記得剛進公司的時候，主管介紹她時，同事們的目光只在她臉上停留了數秒，就被那道疤痕吸引了，她覺得那眼神就像看見了一隻怪物。

從那以後，小雪便經常獨來獨往，盡量避免跟同事們產生交集。這天，小雪在賣場裡聽見有人叫她，竟是跟她同期進公司的小嫚。

原來，小嫚逛累了，想去樓下的咖啡廳休息，剛好遇到她，便硬拉著她一起。兩人剛坐下，小嫚就盯上了那道傷疤，說道：「這道疤真特別，就像……就像一片葉子！」

還沒等小雪反應過來，小嫚又好奇地問道：「妳這道疤是怎麼來的啊？」

小雪見躲不過，只好回答：「聽我媽說，好像是小時候為了救弟弟被開水濺到，燙傷的。」說完，她很怕小嫚再繼續追問，趕緊輕輕抿了一口咖啡。

想不到，小嫚聽後卻大喊道：「難怪如此特別，原來是愛的烙印！」

小雪一聽這話，不由得心裡一震，她從沒想過用這個詞來形容自己的疤痕，一直以來，她都將這道傷疤視為自己的缺陷，甚至打算存夠錢就徹底消滅它！

那天回家後，小雪站在鏡子面前看了那道疤痕許久，心裡如同打翻了調味料般五味雜陳，這時她才明白自己不該因為一道小小的疤痕而否定自己，倘若她能稍稍愛自己一點，也許現在的她早已是公司各種聚會上的「女王」了！

世人皆渴望擁有健美的肌體、美麗的容顏以及聰明的頭腦，然而，在現實生活中，我們常選擇性地將別人看成完美無瑕的「白天鵝」，卻把自己當作有滿身缺陷的「醜小鴨」。於是，我們將自己當作「醜小鴨」來對待，心裡明明很想要「白天鵝」的漂亮衣服，卻挑了件「醜小鴨」的花背心，結果令我們越看自己越覺得像「醜小鴨」。殊不知，只要換上那件漂亮衣服，我們也能變成「白天鵝」。

就像小雪，她誤以為自己的那道疤痕會讓同事們反感，這種錯誤的感受致使她失去了跟大家建立情感的機會，並誘導著她不斷做出違背內心需要的選擇，直到小嫚的出現才點醒了她，使她能重新意識到自己內心的需求，否則，如果她繼續忽視自己的需求，不懂得好好愛自己的話，那她的人生注定是悽慘的！

也許，你是個公認的醜八怪；也許，你是位生活不能自理的殘疾人；也許，你是名三餐不繼的窮光蛋……無論你有什麼缺陷或者不足，這些都不會也不能影響你對自己的愛。在這個世界上，每個人都是獨一無二的，那些自己嫌棄的壞毛病，可能在別人眼裡正是我們的獨特之處，與其把它們無限放大來傷害自己，不如盡量將它們縮小來愛自己，到那時，我們的世界定會充滿愛！

愛的練習題

1. 當別人提及你的缺陷或不足時，你通常會如何反應呢？
2. 你覺得自己是個什麼樣的人？為什麼？

學會寬恕自己，才能放下自責

寬恕自己，才能好好體會他人的感受和需求。

傳統文化從小就教導我們要「嚴於律己，寬以待人」，以致我們在人際往來中常常能夠寬恕他人，卻無法從自身的錯誤中走出來，繼而選擇無視自己內心的需求。殊不知，溝通根本就不是一個人的事，即便我們滿足了對方的需求，可是僅靠他一個人的努力，也不可能達到有效溝通的目的，唯有雙方都從溝通中獲得了滿足，才能實現透過溝通拉近距離的作用，才能長期維持這段情感。

優越的家庭和父母的疼愛，讓晴晴長成了一個驕縱、任性、自我的女孩，凡事都以自我為中心，從不顧及別人的感受，所以她總有意無意地傷害到別人。

班上有一個叫小花的轉學生，說話帶著口音，由於報名參加了學校的英語朗讀比賽，她每天早上都會在教室裡練習口語，並經常找同學們幫自己練發音。

這天，晴晴看到小花又纏著別人練習，忍不住譏諷說：「中文都沒說好，竟然還想去比賽，別異想天開了，妳不如趁早退出，免得讓我們班丟臉！」

小花並不氣惱，說道：「我就想借這個機會讓英文口說進步，沒有想得獎。」

晴晴看了小花一眼，說：「小花同學，我給妳兩個建議：第一，把妳的名字改了，別叫什麼花啊朵的，妳就算是一朵花，也是一朵雜草野花。第二，把妳頭髮、衣服都弄好，破破爛爛像在哪裡撿來的，妳的老爸老媽是怎麼當的？難道連一身像樣點的衣服都買不起？要不然我送妳一套吧？免得比賽那天丟臉！」

小花被晴晴這麼一說，頓時眼淚就下來了，她哭著說道：「晴晴，妳這是人身攻擊，侮辱我的人格，我雖然窮，卻窮得有骨氣，沒偷也沒搶。妳有錢也不見得有多光榮，那都是妳父母賺來的血汗錢，妳有什麼好值得驕傲的？踩著別人的自尊，宣揚妳的盛氣凌人嗎？要我說，妳其實就是一隻可憐蟲！」

聽完這番話，晴晴立刻站了起來，揪住小花的衣服，氣急敗壞地喊道：「妳給我道歉，立刻道歉，不然我跟妳沒完沒了！」

小花看著晴晴這架勢，非但不害怕，還笑了，只見她笑著說：「我憑什麼向妳道歉？是妳傷人在先，要我道歉，下輩子吧！」她的笑容徹底激怒了晴晴，晴晴扯著小花的衣服用力搖晃，像瘋了一般。小花站不穩就摔倒了，額頭撞到桌角，血流了出來。晴晴頓時清醒過來，立刻鬆了手，不知所措地站在那。

小花被送去醫院後，縫了三針，醫生還告訴她可能會留下疤痕。晴晴不敢直接去醫院探病，只能從同學們的口中打聽些消息，當她得知小花會留疤時，心裡頓時都傻了，並充滿了各種自責：我為什麼這麼衝動；我究竟都做了些什麼；我怎麼會這麼壞；同學們會不會覺得我是個壞女孩；我為什麼要去數落小花呢；小花一定恨死我了；我的嘴怎麼就這麼賤……

從這件事後，晴晴便陷入了深深的愧疚中，漸漸變得沉默寡言了。

古語有云：「人非聖賢，孰能無過」，犯錯只能說明我們是人，而不是神。就像案例中的晴晴，她因愧疚與自責關閉了自己的心門，從此切斷了跟外界的往來和聯繫，同時也忽視了自己內心的需求，繼而讓情感失去了寄託，當需求長時間得不到滿足時，終會有爆發的那一天，到那時，她搞不好還會犯下更大的錯誤。可見，即便自己犯下了錯，我們也應當學會寬恕自己。你不妨仔細想想，你想不開、吃不下、睡不著，又有什麼用，還不是自己跟自己過不去！並且，人體的各種器官在心情憂鬱或自怨自艾的情況下，會處於一種游離的狀態，這很易引起失眠、神經衰弱等。若是長期處於憂鬱狀態，還會誘發其他心理疾病。

這時的你，應該試著去原諒自己、寬恕自己，而不是任由壞情緒吞噬自己。對此，你可以選擇暫時避開，所謂「眼不見為淨，耳不聽則寧」，可以出去散個心，或去朋友家住兩天等；也可以向親友訴說，將那些負面的情緒通通發洩出來；還可以做些自己認為有意識的事，如爬山、看日出等。只要我們能跨過這個檻，便會發現也沒什麼大不了，一覺醒來，太陽依然從東方升起，西方落下。

若再往深處想想，人生不過就是一個過程，在不經意中傷害了別人，同事之間有所衝突，甚至為了某種利益而結怨成仇，於是讓自己在這種矛盾中生活，值得嗎？說到底，人最大的敵人是自己，要想與他人建立良好的溝通，我們就必須認識自己、剖析自己、理解自己、原諒自己，從而聆聽自己內心的聲音，發現自己心靈深處的需求，因為只有這樣，我們才更能體會他人的感受和需求。

所以，我們除了要寬容他人，還應該試著去寬恕自己！

愛的練習題

1. 你若不小心傷害了別人，會立刻主動向對方道歉嗎？
2. 犯錯後，你是選擇自責或內疚？還是試著去寬恕自己？為什麼？

完美只是假象，沒有人毫無缺陷

每個人都不完美

什麼是「完美」？完美就是趨近於完美，換言之，即世界上根本就不存在真正的完美！既然如此，我們又何必要求自己必須表現完美呢！要知道，溝通是一件能令人心情愉悅的事，若我們強迫自己要面面俱到、事事周全，勢必會增添很多心理上的壓力，這顯然會給交流帶來負擔，試問如果這樣，我們又如何能溝通順暢？

「李總，您看，這就是我為您準備的合約，裡面有非常詳細的細節！」

「好的，我先看看我們再聊。這幾天辛苦你了，年輕人！」

「不辛苦，這些都是我應該做的！」

於是，李總拿起合約，仔細地翻閱了起來。在一旁的年輕人，眼睛始終盯著李總的一舉一動，只見他時而眉頭緊鎖，時而手握拳頭，時而又放下合約來回踱步，這讓年輕人不由得為自己捏了把汗，並認定是自己做得不夠完美。為了彌補自己的過失，年輕人趁李總還沒看完，趕緊向他介紹自己這款產品的優勢。

「李總，我們這款產品採用的是目前最先進的AI技術，它不但會按照主人的命令列事，而且還能分析出哪一種行為模式會更受主人的青睞……」

「嗯，這個不錯！」

「李總，您看我們這款產品的功能，比市面上的同類產品齊全多了，還有很多人性化的設計，就以這個『一鍵多功能』來說，能為客戶省去不少麻煩！」

「這的確是個亮點！」

「李總，您再看看我們這款產品的外觀，它可是經過大師之手改造過的，精緻而小巧，這弧線多流暢、多漂亮，不占地方，還能當作一件裝飾品呢！」

「是滿好看的！」

……

面對年輕人的不斷干擾，李總終於忍不住了，說道：「我說年輕人，你怎麼比我老婆還要囉唆！麻煩你別再打擾我了，我只想先安靜地看完這份合約。」

最後，李總雖然看完了合約，卻並沒有達成合作。事後，年輕人從其他同事的口中得知，李總看合約時的那些小動作，不過是他看書養成的習慣罷了。

不可否認，追求完美本身是對的，但因此而對於挑剔自己是錯的。就像案例中的那個年輕人，相信他為了這一次的合作花了很多功夫，可是當對方稍稍顯示不合作意向時，他便認為是自己表現得還不夠完美，於是畫蛇添足地上演了一出「加碼戲」，結果卻適得其反。可以說，是他的懷疑和不自信導致了溝通失敗。

生活中，因過於追求完美而失敗的例子比比皆是，尤其是對自己！

小東是個事事追求完美的人，無論是對生活、工作，還是對自己的儀容，他都一絲不苟地嚴格要求。為了幫小東解決終身大事，父母精心安排了一次相親，出門前，他將自己從頭到腳包裝了一遍：精緻的髮型、筆挺的西裝、純棉的襪子、閃閃發亮的皮鞋，再加上一副讓他看起來才華橫溢的金邊眼鏡，堪稱完美。

然而令小東沒想到的是，對方屁股還沒坐熱，便找藉口離開了！

這次相親給了小東很大的打擊，他開始懷疑自己，雖然他每天都照常上班、工作，但下班後卻將自己關在房間裡，幾乎不怎麼出門，也沒有其他的活動。不僅如此，他還頻繁地跳槽，可是每次都做不了多久。之所以會這樣，是因為他覺得自己有缺陷，他的缺陷就在於鼻子高了一點，耳朵也比正常人大了一點。

因此，小東覺得自己「醜陋」、「長相滑稽」，並認為接觸過自己的人都在嘲笑他，背地議論自己太「特別」。時間越久，他的這種想像就越強烈，他開始害怕在正式場合露面，也不敢獨自在人群中走動，他甚至覺得在自己的家裡也不太安全，因為他總想像著家人因他而感到「丟臉」，在外面也遭到嘲笑。

但實際上，小東的面部缺陷並不嚴重，他的鼻子可以稱得上是「古典」型；他的耳朵雖然有點大，卻和成千上萬人的耳朵一樣，不會引起過多的注意。但小東卻不這麼認為，每每想起小時候同伴們的嘲笑，長大後同事們的玩笑，他都堅信自己的「與眾不同」，並認定自己就是一個醜陋的「怪物」。

就這樣，小東一直未婚，生活也始終淪陷在絕望之中。

俗話說「人無完人，事無絕對」，人生在世，都或多或少都會有一些缺陷和遺憾，我們大可不必為自己的瑕疵而惴惴不安。與其在自卑、愧疚或遺憾中封閉自己，不如拋棄對完美的執念，用心去品味自己的美好，去體會自己內心的感受和需求。

當我們表現得不完美時，往往會產生自責、內疚的心理，甚至還會因此而覺得痛苦，這時我們或許會這樣評價自己：「蠢貨」、「自私鬼」、「沒用的東西」等，這些自我評價會讓我們變得羞愧，從而改變自己的行為模式，但同時，它也默認了自我憎恨情緒的衍生，並允許這種情緒引導我們的成長和學習。結果可想而知，我們會漸漸懷疑自己、討厭自己、麻痺自己，直到徹底喪失愛的能力。

你還在抱怨自己的缺點嗎？請清醒一點，接受自己的不完美吧！你就是你，你要做的，是找到合適的方式讓自己變得更好，而不是變得完美。

愛的練習題

1. 面對自己的不完美，你是選擇面對還是選擇逃避呢？
2. 你認為自己在別人眼中是個什麼樣的人？為什麼？

自責其實是一種未被滿足的需求

我們之所以會自責，常常是因為內心的訴求沒有得到滿足。

自責普遍存在於生活之中，如工作上的失利會讓我們遺憾；沒時間陪伴孩子的成長會讓我們愧疚；對他人無意間的傷害會讓我們悔恨等。雖然適度的自責能使我們進步，可是一旦我們陷入其中無法自拔，便會被焦慮、鬱悶、沮喪、絕望等情緒包圍，不斷地譴責自己、逼迫自己、折磨自己。很顯然，這些都不利於我們的溝通，更不利於我們與他人建立情感，因為自責常常是需要的「代言人」。

這天晚上，羅浩之像往常一樣加班，因為最近他接了一個大專案，只要能拿下這個客戶，不但能為公司增加額外的利潤，自己還能拿到一筆鉅額的獎金。更重要的是，他搞不好可以藉由這個專案來升遷。正因為如此，他連續一個月都在拚命地工作，絲毫不敢有半點的鬆懈。今天，專案迎來了最後的收尾，他更不敢怠慢。

凌晨四點鐘，羅浩之終於完成了專案的最後一個細節，他伸著懶腰慢慢地起身，睏意突然席捲而來，但為了保險起見，他還想最後檢查一遍，於是他站到窗邊，緩緩點燃了一根菸，好讓自己能保持清醒。想不到，正當他一邊欣賞城市的夜景，一邊暢想自己的未來時，卻聽見「咔」的一聲 —— 停電了！

這突如其來的意外，讓羅浩之頓時有點不知所措，冷靜下來後，他趕緊打開手機上的手電筒，一個箭步衝向了自己的電腦旁。原來，他因一時的疏忽而忘了存檔，這該怎麼辦才好？自己向上司打包票今天一定能完成，可是現在所有的努力都白費了，就算他腦海中有記憶，立刻回家重做，時間也已經來不及了。

面對自己的疏忽，羅浩之陷入了深深的自責：你這個笨蛋，看看你都做了些什麼？你老是把事情搞砸，為什麼你總這樣沒用？你怎麼會這麼蠢呢？簡直蠢得讓人想一巴掌打死你！為什麼你就不能把事情考慮得周全一點呢？你就是一個大廢物！你真是一個十足的大白痴，連做完要存檔這個基本常識都不知道……

後來，由於專案沒有如期完成，過意不去的羅浩之選擇了引咎辭職。沒有工作的他整天在家裡發呆，親朋好友們約他出去散散心，他也謊稱自己生病不能出門。就這樣，他在憂鬱中度過了這一年，直到朋友給他介紹了一份新工作，他才慢慢地恢復鬥志，再加上妻子的引導和幫助，他才重新找回了自己。

很多時候，我們之所以會自責，往往是因為內心的訴求沒有得到滿足，如案例中的羅浩之，他因自己的一時疏忽而犯了錯，所以他渴望得到上司的原諒、渴望得到專案合作者的理解、更渴望得到妻子的寬慰和支持，只要其中任何一方能滿足他內心的需求，他勢必能快速地走出自責，繼續自己精采的人生。

看到這，有人可能會問了：那怎麼樣才能做到這一點呢？答案很簡單！

及時的與當事人溝通

面對錯誤，逃避解決不了問題，自責更加無濟於事，唯有主動去跟當事人溝通，承認自己的過失，並承擔起該負的責任，才能讓這件事畫上完美的句點。但需要注意的是，溝通一定要及時，最好能第一時間告訴對方，這麼做主要出於兩方面的考慮：一是能給對方足夠的時間挽救；二是避免對方誤會我們故意拖延。

溝通時說出自己的訴求

除了負荊請罪外，我們還要在溝通的過程中提出訴求，如請求對方的體諒；或希望對方能理解自己；抑或其他我們內心的渴望等。要知道，無論是承認自己的錯誤，還是擔負起自己的責任，其實都是為滿足需求在做鋪陳，若最後的這個終極目的不能被實現，那麼，我們之前所做的一切努力便都是徒勞。

保持樂觀的心境

其實，只要心態改變了，很多問題便自然能得到解決。所以，不妨對自己說一句：樂觀一些吧，別再鑽牛角尖了！對我們而言，自責只是徒勞無益的情緒發作而已，解決不了任何的實際問題，我們需要的是理智和豁達。你犯了錯，這是個不爭的事實，事實既已存在，那就想辦法好好解決，沒必要跟自己過不去。

愛的練習題

1. 通常，你會如何走出自責的陷阱？
2. 生活中的你，是個喜歡自責的人嗎？為什麼？

別讓「不得不」的想法束縛你

非暴力溝通一直都提倡人性，而這裡的人性不僅有他人，更包含了自己！

生活不僅僅有詩和遠方，還隱藏著許多無奈，如學生不得不每天早起去上學；員工不得不在規定的時間內打卡；專案人員不得不加班以完成任務……面對那些不好推辭或無法逃避的事，我們常常會告訴自己或別人：「這雖然不是我想要的，可我卻不得不這麼做」、「因為這是老婆喜歡的，所以我不得不去買」等。殊不知，這樣的話帶有強烈的暗示，它很易會讓我們心中產生排斥、牴觸感。

「小許，怎麼了？為什麼最近總是無精打采的啊？」

「沒什麼，李姐，就是覺得這日子過得太壓抑！」

「大家都是這樣的，想開點就好了，別太跟自己計較了！」

「李姐，難道妳就不覺得壓抑嗎？我們這個辦公室只有妳跟我，但需要統計的資料卻一大堆，我們每天累得像條狗，得到的報酬也就那麼一點點。說實話，這根本不是我想要的生活，但我卻不得不向現實低頭，只能做這些自己不想做的事！」

「哎呀，別鑽牛角尖了，我們還算好的，很多人連工作都沒有呢！」

「這個我知道，所以才會堅持到現在，不然我早就辭職走人了！

妳知道嗎？昨天快要下班的時候，副理拿了一份檔案過來叫我重印一份，我仔細一看，根本不需要重新列印，只要在檔案上做些標註就行了，可是他卻偏要我印，甚至還威脅我說：『如果你不想印，那我去找想印的人來弄』，妳說這句話是不是讓人很火大？」

「呵呵，我來的時間比你長，遇到的事情也比你多，像這樣的事對我來說，簡直就是小巫見大巫，比這更過分的我都經歷過，我還不是照樣活得好好的？」

「李姐，妳是怎麼做到的呢？能不能教教我啊，讓我也學學！」

「其實很簡單，不要總是想著自己有多無奈，也不要總覺得自己被強迫，我們之所以能堅持到現在，是因為心裡還是喜歡這份工作，不然早就去找其他工作了。沒錯，雖然這工作苦了一點、累了一點，但也有開心的時候，那為什麼不多去想想開心的事情，非要跟自己過不去呢？就像我們這樣的友誼，是不是會令你很開心？」

「對呀，李姐，妳說得沒錯，我怎麼就轉不過來呢！謝謝妳了！」

在專業人士的大肆渲染下，不少人都知道了溝通的重要性，然而有些人卻錯誤地認為，溝通針對的只有別人，並不需要顧及自己。一個連自己的感受都不去體會的人，又怎麼會去體會他人的感受？一直以來，非暴力溝通提倡的都是人性，這裡的人性不僅有他人，更包含了自己。唯有保持良好的心理狀態，我們才能與他人順暢溝通。

這天，一位年輕人去進行心理諮商，他對自己目前的生活感到失望和壓抑。

一進門，年輕人便向諮商師傾訴自己的煩惱：每天都過得很累，不是為了保住工作而加班，就是為了升遷而討好上司；女朋友也讓他很累，為了維持這段感情，無論晚上加班到多晚，第二天一大早都要去接她上班……這根本就不是自己想要的生活，而是無奈的選擇，所以他經常會覺得失落、鬱悶。

諮商師聽完後，讓年輕人將煩惱一一寫在紙上，然後判斷其是否屬實，並將結果也記錄在旁邊。醫生注視著這一切，沒多久便找到了年輕人的問題所在，於是醫生問他：「你看過章魚吧？」年輕人茫然地點點頭。

「有一隻章魚，原本可以在大海中自由自在地游動，尋找可口的食物，欣賞海底世界的景緻，享受生命的豐富情趣。但牠卻偏偏找了個珊瑚礁，弄得自己動彈不得，吶喊著說自己陷入了絕境，你覺得如何？」諮商師引導著年輕人思考。

年輕人沉默了，片刻之後，他喃喃自語道：「您是說我像那隻章魚？」話音剛落，年輕人又自己接著說，「的確有點像！」

諮商師提醒年輕人：「當你陷入煩惱的慣性反應時，你就像是那隻章魚，唯有鬆開你的八隻手，讓它們自由地游動，你才能重新開始。說老實話，綁住章魚的是牠自己的手臂，根本就不是什麼珊瑚礁的枝枒！」

人的心總是很容易被捆綁，並且綁住我們的往往都是自己，就像那個作繭自縛的年輕人，倘若他能拋棄該死的「不得不」，便能跳出束縛自己的牢籠，做一個樂觀、積極向上的人。生活中不順心的事十有八九，若想事事都順心，就要學會別將不愉快的事放在心上，因為只有樂於忘懷，才能獲得心理上的平衡。

只是有時，我們卻太在意自己的感覺了。比如，在路上不小心摔了一跤，惹得路人哈哈大笑。你當時一定很尷尬，認為全天下的人都在看著你。但如果你能站在別人的角度去思考，就會發現，其實這件事不過是他們生活中的一個小插曲，甚至有時連插曲都算不上，他們哈哈一笑後，便把這件事忘得一乾二淨。

所以，別再執著於自己的感受，對於那些煩惱和無奈，我們完全可以一笑了之，更不要過多地糾結於失落的情緒中，因為你的牢騷和抱怨，只會讓別人取笑你無病呻吟。請轉換自己的目的，將「應該」、「必須」、「被迫」和「不得不」等這些詞語，換成「我選擇」、「我需要」、「我不想」……及時消除掉內疚、職責或義務的逼迫，用積極地心態去面對生活，去滿足自己的需求！

愛的練習題

1. 當你被迫做某件事時，你是選擇繼續，還是會果斷拒絕？
2. 你認為自己是個樂觀的人嗎？請舉例說明！

缺乏愛，才會讓人感到痛苦

很多時候，我們之所以會覺得痛苦，常常是因為自己內心不夠熱愛！

生活就像一幅抽象畫，一百個人會有一百種看法，如果你只留著自己的看法，那你的生活會簡單而快樂。很多時候，我們之所以會覺得痛苦，常常是因為自己內心不夠熱愛！

今天，又是一個不能回家的週末，為了躲避女房東的尖聲謾罵，黃文萱只能如遊魂般在街上閒逛，往事回憶趁機跳了出來，在她腦海中一幕幕播放，倔強使她努力抑制著自己的情緒。這時，她的手機突然響了起來，原來是母親從遠方傳來了關懷，放下手機的一瞬間，她內心的壓抑與委屈終於爆發了，記憶席捲而來。

像所有出外工作的人一樣，黃文萱希望自己能在這個繁華的都市占有一席之地，於是她努力地尋找工作，頻頻出現在各種大型的招募會上。然而，那些企業大多都要經驗豐富的職場老手，她好不容易以學歷爭取到一個職位，最後卻因為不會拍上司的馬屁，連三個月的試用期都過不了。

當類似的情況一再發生，黃文萱的夢想也已經被現實打得遍體鱗傷，為了生計，她唯有放下自己的身段，去做店員、業務，甚至是服務生等。想不到，性格簡單、說話直接的她，常常會在無意間得罪人，弄得大家都不敢跟她太過親近，這也注定了她工作都做不久。這些都讓她不禁懷疑自己當初的決定，她想：也許是時候放棄自己所謂的「夢想」，回老家過安穩的日子了。

其實，讓黃文萱痛苦的不是現實，而是她不夠熱愛的內心，倘若她熱愛自己的工作，便會改變自己來適應環境。生活中類似黃文萱的人很多，他們既不懂得體會自己的感受，也不在乎自己的需求是否得到了滿足，他們只知道跟著別人的腳步走，直到徹底地忘了自己。

當然，還有另外一些人，他們不但懂得愛別人，更知道愛自己！

在美國的某條街上，有一家老字號的洗衣店，雖然它的設備並不先進，但歷年來的口碑相傳，讓它生意興隆，老闆也一再擴大店面。

最近，老闆的心情糟透了，因為他的兒子實在是沒野心、不求上進。年邁的老闆本想將這家洗衣店交給兒子經營，想不到，兒子卻不喜歡父親的安排，他一到洗衣店就懶懶散散的，永遠都一副提不起精神的模樣，除了那些不得不做的工作之外，其他工作他一概不管不問，有時甚至「曠職」。

這天，兒子對父親說：「我要去機械廠上班，以後不能去洗衣店了。」

父親聽了感到十分驚訝：「什麼？你要做機械工嗎？」兒子堅定地點了點頭，父親見狀頓時雷霆大怒，但兒子仍然堅持自己的決定。

就這樣，父子之間出現了隔閡。儘管父親嘴上依然對兒子破口大罵，但當他看見兒子每天穿著油膩的粗布工作服早出晚歸時，心底的怒氣早已經被疼惜所吞沒，於是，他悄悄地去探望兒子。誰知道，他竟看見兒子一邊扛起笨重的機器，一邊吹起了歡快的口哨，這是他在工作輕鬆的洗衣店裡無法見到的。

這一刻，父親徹底被說服了，他不再反對兒子的工作，並且還給予大量的支持。得到父親的理解後，兒子決定一切都從頭開始，先選修機械工程學，再深入研究引擎，以及如何裝置機械等，在他的不懈努力之下，終於製造出了「空中堡壘」轟炸機，並幫助盟軍贏得了世界大戰。

這位兒子究竟是誰？他就是時任波音飛機公司的總裁！

生活永遠是變化無常的，我們隨時都可能面臨突如其來的改變，也許當你面對這種狀況時，會意志崩潰、會思緒不寧，甚至漸漸迷失了自己。之所以會這樣，是因為你內心的需求沒有被滿足。心雖然是快樂之本，卻也是痛苦的發源地！

非暴力溝通之所以培育對自己的愛，是因為它能在負面情緒來襲時，讓我們保持一份平靜、一份理智，以及看清楚自己成長的方向，避免那些沒必要的自我懲罰，讓目光停留在尚未滿足的需求上。這樣，我們便不用再依賴內疚、羞愧、沮喪的心理來尋求改變，而是根據內心的需求和正確的價值觀來選擇生活。

面對同樣一件事，如果你是隨心而動，則會歡樂滿天；如果是隨波逐流，即使完成得再好，也不見得會快樂。這個物欲橫流的社會，會讓我們的快樂有所偏差，可是我們真正想要的東西卻不會因此而改變。試著去想想你想要的那種生活，可能不是財富，不是名利，不是壓力，更不是亞健康，而是溫馨的一家三口，圍坐在電視旁的歡笑，是孩子那張快樂的笑臉，是父母欣慰的微笑……

快樂一直都是你的內在導航系統，它是個非常清晰的回饋裝置，如果你感到幸福和快樂，說明你是走在正確的道路上，生活與你的真我正緊密聯結在一起；如果你感覺到悲傷或痛苦，那麼你已經脫離了正確的軌道。事實就是這麼簡單！請隨時注意自己的情緒感受，讓情緒指標盡可能地指向「快樂」吧！

愛的練習題

1. 你認為造成痛苦的原因有哪些？
2. 現在的你，是快樂的，還是痛苦的呢？為什麼？

第四章
真誠表達，才能讓溝通順暢

很多時候，人們都把溝通想得過於複雜，如需要技巧、懂得掌握時機等。不可否認，這些的確能幫助我們進行交流，但真正能達到目的的溝通，其實是我們真實的感受，因為只有我們表達了真實的感受，別人才能來滿足我們內心的需求。生活中，很多莫名的衝突和矛盾，往往就是因為沒有表達真實感受而產生的，由於不夠真實，引發了對方的懷疑和猜測，從而造成了不必要的誤會。

生活中的衝突，往往來自誤解

生活中的很多衝突，都是不善於溝通的惡果。

和諧，是現代社會的一個重要課題，雖然世人都在努力營造和諧的氛圍，但人與人之間卻仍然會不可避免地出現衝突，有些衝突出現得非常莫名其妙，比如有些老太太前一秒還在和顏悅色地進行交談，但下一秒卻臉紅脖子粗地相互破口大罵，這是為什麼呢？其實答案很簡單，那就是她們沒有表達出內心真實的感受，而是在負面情緒的影響之下，簡單、粗暴地說出了她們想要的最終結果！

皎潔的月光灑落在林蔭小路上，夜色中，剛下班不久的小潔正帶著未婚夫匆匆趕往醫院。原來，小潔的外婆已經住院多時，但小潔最近忙著籌備婚禮，抽不出時間去看外婆，直到這天夜裡，她忙完了婚禮的相關事宜，才帶著未婚夫趕緊去醫院。眼看就要到住院部樓下了，兩人加快了前進的步伐。

想不到，當兩人剛到住院部大門口時，卻被一名醉漢攔住了去路，這名醉漢搖搖晃晃的從住院部大樓裡出來，小潔和未婚夫著急進住院部，一不小心撞到了醉漢，這名醉漢原本就站不穩，被小潔輕輕一撞就摔到了地上，被摔痛了的醉漢站起身，二話不說便開始破口大罵。

其實，在醉漢剛起身時，小潔就想向他道歉了，但對方的態度如此惡劣，小潔的心裡頓時升起了一股無名火，於是她也不甘示弱地回擊，一旁的未婚夫哪能眼睜睜地看著自己的「準老婆」被欺負，也加入了兩人的爭執中。

就這樣，三個人越罵越激烈，眼看著快要動手了。小潔心想：打起來我們也不怕，二對一吃不了虧。想不到，醉漢根本就沒有打架的打算，而是直接從身上摸出了一把刀，對著小潔連捅了兩刀，一刀心臟、一刀脾臟……未婚夫見形勢不對，趕緊扶著小潔逃跑，但醉漢卻不肯罷休，追著兩人一路瘋狂地砍，結果導致小潔重傷不治身亡，而她的未婚夫也在逃命中腿部被砍了三刀……

短短幾分鐘的時間，卻造成了這對情侶一死一傷的悲劇。不僅如此，兩人剛拍完婚紗照，即將準備結婚……花樣年華，美好的人生才剛剛開始，如今卻因為幾句爭執，小潔如花一般的生命就結束在了這次小小的衝突裡，生命也永遠定格在了那個夜晚。如果當時雙方都能理智一些，便不會發生這樣的慘劇。

生活中，類似的事件還有很多，這些莫名的衝突究竟是從何而來呢？

利益衝突

所謂「利益衝突」，是指在某些實質性問題上不相容的利益。無論是同事、朋友、鄰里，還是兄弟姐妹之間，都有著一定的利益關係，因此彼此產生矛盾也很正常。這些利益包括：經濟利益、政治利益、工作利益、人事利益等。其中經濟利益是最基本的，如買賣過程中因討價還價而引發的口角；或親人之間因財產分配不均而引發的衝突；抑或工作中為了爭取自己的最大收益而明爭暗鬥等。

性格衝突

一般情況下，性格衝突是指雙方因性格上的不同而導致的矛盾，如兩個性格不合或相剋之人就很容易產生這樣的矛盾。尤其是性格上有缺陷的人，這類人通常不懂得理解他人的行為，也不願意與他人進行過多的溝通，甚至還會沒來由地厭惡他人。當然，這些都是在負面情緒的影響下，才會激發出他們性格上的缺陷，如遭受打擊後的悲痛、遇到背叛後的憤怒、受到驚嚇後的恐懼、經歷失敗後的憂鬱等。

誤會衝突

顧名思義，這是指因誤會而引發的衝突。這種衝突在日常生活中十分常見，如有些事雙方所獲得的資訊不對等，使得一方或雙方都產生了誤會，由於雙方沒有及時地進行溝通，或溝通沒有預期的效果，以致彼此之間產生了矛盾。

其他衝突

生活中還有一些其他的衝突，如代溝產生的矛盾，由於年齡上的巨大差距，使得彼此的想法或觀念無法達成共識，故而引發了不必要的衝突。此外，還有一些小人故意挑撥是非，他們唯恐天下不亂，總想製造矛盾從中獲利。

在人際交往的過程中，人與人之間總會出現一些摩擦，這是社會發展遺留的產物，但實際上，很多衝突都是可以有效避免的，因為它們只是我們不善於溝通的惡果，但凡我們能冷靜一點、理智一點，然後表達出自己內心最真實的想法，便可以有效避免各種誤解了。在溝通之前，一定要讓自己先冷靜下來，想清楚自己溝通的原因和目的再開口！

愛的練習題

1. 你認為在與人交往的過程中，最常見的衝突是哪一種？
2. 在工作和生活中，你是否遇見過很多莫名的矛盾衝突？

面對衝突，理性比情緒更有用

衝突會影響彼此情感的建立，甚至有可能導致不可挽回的後果！

眾所周知，只要是有人的地方，就會不可避免地發生衝突，這是人的劣根性所導致的，雖然這並不是我們的過錯，但若任由這種衝突無限蔓延，便是我們的責任了，為什麼？因為無論是為了自身的利益也好，還是為了雞毛蒜皮的小事也罷，這些衝突都會影響彼此情感的建立，甚至有可能導致不可挽回的後果。

黃先生和李先生是多年的鄰居，一直以來，他們的鄰里關係還算和睦，但隨著黃先生的兒媳婦生下孩子後，他們之間的關係就逐漸變得微妙了起來！原來，為了讓孩子得到更好的照顧，黃先生太太的父母也搬了過來，多個孩子本就增添了很多東西，再加上住進來的父母，那間不大的房子，便顯得十分擁擠，有點不夠用，無奈之下，黃先生只能將多餘的雜物放在外面，占領了大片的公共面積。

剛開始，李先生還能夠容忍，但隨著雜物不斷地增多，心裡便不太舒服了！

這天，黃先生又搬了把舊椅子出來，他好不容易幫椅子找到合適的位置，就遇到了李先生，見鄰居回來，黃先生連忙打招呼：「剛下班？你們工作真辛苦！」

想不到，李先生根本沒理會黃先生，黃先生覺得自討沒趣，便轉身準備離開，正在這時，李先生卻突然開口了：「大哥，你老是把雜物放在這裡，也不是辦法。」

「我知道這樣影響了你們家的生活，但我也沒辦法啊，你看我們這一大家子的人，要是把這些東西都放回去，我們恐怕連坐的地方都沒有！」

「你看這些東西，大部分都已經沒什麼用了，你不如直接丟掉算了！」

「雖然它們看起來舊了點，但平時用一用還是沒問題的，等我老婆的爸媽回去了，我就可以把它們都搬回來。你也知道，現在物價高，買新的不划算。」

「可是我們家也是要生活的啊！你看看，都已經快擋住我家的大門了！」

「實在抱歉，你再擔待一段時間，等孩子 3 個月，親家他們就會走了！」

「這還有兩個月的時間呢，我們怎麼能忍得了那麼久。」

「照你的意思，就是非要我們把這些東西搬走不可了？」

「我沒這麼說，但要是能搬走的話，當然是最好！」

「你搞清楚，這裡可是公共區域，是誰都可以使用的！」

「你怎麼這麼不講理！那我也應該把雜物都搬出來，擋住你家的大門！」

……

自從這次的爭執後，兩家的關係便徹底地決裂了，並且還經常起衝突。

生活中的摩擦和衝突，大多如案例中的情況一樣，都是些雞毛蒜皮的小事，根本就沒有什麼不可調解的矛盾，所以，只要我們能理性對待，多點寬容和理解，並適當地運用一些技巧，便一定能讓我們的生活更加和諧。要知道，人是一種群居的生物，我們既不可能離開人群而獨自生活，也無法長期忍受一個人的孤獨和寂寞，因此，唯有妥善處理好人際關係，才能讓自己更幸福、快樂！

那麼，我們又該如何理性對待人際中的衝突呢？對此，不妨借鑑以下建議：

釐清關係，多些寬容與理解

有時衝突源於我們沒有理清自身的關係，如上下級關係、管理與被管理關係等。對此，我們應當釐清關係，處理好人與人之間的距離，具體而言，便是在相處的過程中，要始終以「閒談莫論人非，靜坐常思己過」為準則，凡事想開一點，多一些寬容和理解，唯有如此，我們才能融洽的和同事、上下級相處。

適當妥協，退一步海闊天空

所謂「妥協」，是指雙方以互相讓步的形式，達成一種化解衝突的局面。其實說白了，就是讓我們凡事多忍一忍，盡量採取以退為進的策略，達到和諧的最終目的，避免因一時的衝動而造成無法挽回的後果。當然，這並不表示我們要一味地忍讓，若對方的行為超出了我們忍耐的極限，便可以給予適當地回擊。

攜手合作，達成雙贏的局面

所謂「合作」，是指雙方願意共同了解衝突的內在原因，分享彼此掌握的資訊，共同尋求對雙方都有利的方案。這種處理方式適用於因金錢而造成的衝突，如兄弟姐妹之間的財產分配問題，為了大家共同的利益，攜手合作才能達到雙贏的局面。對此，雙方可以公開面對和理解衝突，並在合作的過程中解決衝突。

及時迴避，避免不必要的傷害

所謂「迴避」，是指在發生衝突的情況下，採取退縮或中立的措施，從而讓我們暫時躲避危險。雖然生活中的衝突大多是些瑣碎小事，但有些人由於自身有一些缺陷，如脾氣暴躁，往往很容易做出一些極端的行為，當與這類人發生衝突時，我們應及時地迴避，以避免為自己帶來不必要的傷害。

平衡差異，降低衝突的緊張度

在數學理論中，有個平滑處理的概念，其本意是指重新分配機率，即使沒出現的事件也會賦予一個機率，而運用到交際之中，是指在衝突的情況下，盡量淡化衝突雙方的差異，以降低衝突的緊張程度，同時強調衝突雙方的共同利益。

愛的練習題

1. 面對日常生活中的衝突，你是否能夠理性地去對待？
2. 當你與別人發生衝突時，通常會如何來處理？

先觀察，不要急於下評論

評論往往傾向於批評或指責，這很易遭到他人的反駁，繼而造成衝突！

生活中，我們經常可以聽到這樣的話：「你讓我很失望」、「這個人真是差勁」、「你這樣太沒禮貌了」……這些都是我們對他人的評論，而不是我們的觀察。在與人溝通時，不少人錯誤地將評論當成了觀察，以致常常遭到他人的反駁與回擊，從而造成了莫名的衝突和矛盾，使得原本親密的關係產生了隔閡。

玲玲的家庭條件不錯，多才多藝，長得小家碧玉，是人人都羨慕的標準。玲玲的父母都是軍人，平常生活非常嚴謹，對玲玲要求也是相當的高。比如：起床後床單必須鋪得整整齊齊，被子必須疊成豆腐方塊，吃飯必須全部吃完……

有一天，玲玲在學校跟同學產生了一些矛盾，心情特別低落。回到家中本來想跟父母聊聊天，話還沒說出口，母親依如往日那樣嚴肅地說「玲玲，快去寫作業。」

玲玲一邊寫作業，一邊黯然神傷，無處訴說的痛苦讓她更加鬱悶。

「吃飯了。」媽媽喊著，玲玲無精打采地起身，例行公事般洗手吃飯。

食不言寢不語，是他們家飯桌上的規矩。玲玲低著頭吃飯，由於心情沉悶，食慾也隨之受到了影響，沒吃幾口就吃不下了，只見碗裡還剩大半碗飯沒吃完。

「妳怎麼能這樣呢？太沒規矩了！不知道種田很辛苦嗎？怎麼能這樣浪費糧食呢？吃完了再下桌！」爸爸見狀，厲聲指責道。

「老王家的雯雯，跟妳同班，妳看人家多有規矩，妳怎麼不學學她？」媽媽說。

玲玲委屈地大聲地宣洩道：「每天都是規矩、禮貌，我受夠了！」

玲玲的遭遇是很多家庭都有的問題，因為很多家庭就是這樣溝通的，也正因為如此，家庭中的衝突往往比其他關係中的衝突更多。事實上，只要父母改變一下溝通的方式，就能避免很多不必要的摩擦，至少要讓孩子知道這不是在故意刁難他。

觀察與評論的不同在於，前者更偏向於客觀、理性的事實。

在公司的茶水間裡，採購李姐拉著職員小虹，進行了以下對話：

「小虹，我想跟妳商量一件事。」

「什麼事這麼嚴肅啊？說給我聽聽！」

「是這樣的，我好幾次看見妳把公司的飲料、咖啡帶回家，以前我們公司經費充足，大家也都不怎麼在乎，但現在是我們自己掏的錢，所以大家……」

「不好意思，李姐，我不是故意的，只是以前拿習慣了，一時沒改過來！」

「沒事，這個我知道，以前我也經常這麼做，但自從公司要我們自己掏錢買後，我就沒再做過這種事了，畢竟這些都是大家的，被人看見不好！」

「妳放心，李姐，我保證從今以後，再也不會占這種小便宜了！」

「小事而已，哪還需要保證啊！只要妳心裡有數就好了！」

就這樣，李姐輕鬆搞定了一件讓同事們都十分頭痛的事。

非暴力溝通的第一個要素便是觀察，若我們將觀察和評論混為一談，別人聽到的往往就是批評或指責，這顯然會影響彼此之間的正常交流。所以在溝通的過程中，我們應當先觀察他人，再將觀察的結果描述出來，而不是急著去評論。當然，要想做到這一點，我們就得學會區分觀察和評論，具體方法如下：

是否需負有責任

很多時候，評論是沒有具體的責任劃分的，如「你真大方」，這句話並沒有明確自己的立場，只是說出了對他人的看法。若以觀察的方式來描述，應該這樣說：「我剛才見你給了路邊的乞丐 100 塊，我覺得你真是太大方了！」

是否絕對或唯一

通常評論都帶有一定的絕對性或唯一性，而觀察卻是根據事實進行推測，所以兩者有著本質上的區別。例如，我們透過日常觀察，發現某個人的工作能力較差，評價式的表述是：「他無法勝任這項工作」，而觀察式的描述則是：「透過對他最近一段時間工作的考察，我不認為他能勝任這項工作」。顯然，觀察是根據事物的實際情況來進行描述。

是預測還是事實

觀察是根據事實來進行預測，而評論卻是將預測當成了事實。舉例說明，我們發現一位朋友很喜歡吃零食，於是說：「如果你整天都吃這些垃圾食品，身材就會越來越胖」，實際上，這位朋友吃垃圾食品導致肥胖只是我們的預測，而並非事實，說不定他是缺乏運動變胖的。

有沒有依據

觀察都是需要具體依據的，而評論則不需要，換言之，即我們可以從有沒有依據來判斷是觀察還是評論。例如，我們評論某個人小氣：「雯雯實在是太摳了」，但觀察卻是這樣來表述：「雯雯經常要我分零食給她吃，真摳！」

是否將評論當成事實

前面已經提到，評論是沒有事實依據的憑空猜測，很多時候，我們都會誤將評論當成了事實，如在描述他人能力時，我們會說：「他是個差勁的前鋒」，而觀察式的表述應該是：「在好幾次球賽中，他每次射門都沒進，看來球技不好！」

愛的練習題

1. 生活中，你的語言是偏向於觀察，還是評論呢？
2. 你是否能準確區分觀察和評論？

讓溝通回歸真實的情感交流

只要你善於表達自己真實的感受，結局往往都會如你所願！

很多時候，人們都把溝通想得過於複雜，如需要技巧、懂得掌握時機等，的確，這些能幫助我們得交流更順暢，但真正能達到目的的溝通，其實只需要我們表達真實的感受。生活中的很多衝突和矛盾，常常就是因為沒有表達真實的感受而產生的。

一天晚上，張小雲做好了飯等丈夫回家，可是等了好久，菜都已經涼了，丈夫還沒回來，孩子餓了便先吃了，而小雲不停地打電話給丈夫，但就是打不通。

夜漸漸深了，路上的行人越來越少，丈夫卻還沒回家，小雲的心裡七上八下。這一晚上，她不停地打電話給丈夫，但就是打不通，她還打電話問了丈夫身邊的同事們，沒有一個人知道丈夫的下落。面對音訊全無的丈夫，小雲十分擔心，著急了一個晚上，躺在床上翻來覆去睡不著。

第二天一早，小雲看見丈夫無精打采地回了家。這時，小雲顧不上心裡的氣憤，趕緊問丈夫：「你昨晚去哪裡了？怎麼不打個電話說一聲呢？」

丈夫太累了，不想回答小雲，一頭倒在沙發上睡覺。

想到自己等了一夜沒睡，小雲就一肚子氣，於是質問丈夫：「你昨晚到底去做什麼了？為什麼既不回家，也不接我電話？你知不知道我等了你一夜！」

丈夫聽到小雲連環炮似地追問，不耐煩地說：「昨晚去一個朋友家了。」

「你去朋友家做什麼？就算不回來也應該回個電話啊！」

「妳煩不煩啊？他家出了點事，我去幫忙！」

面對丈夫不屑一顧的態度，小雲心裡既委屈又難過，忍不住邊哭邊罵丈夫沒良心。丈夫本來就覺得煩，見她哭鬧更煩，便與她吵了起來，越吵越凶，最後摔門而去。

其實只要小雲能真實表達自己的感受，如「昨晚我沒看見你，心裡很害怕」、「你昨晚沒回家，我非常地擔心」等，丈夫聽到這些話後，肯定會倍受感動，從而告訴她昨晚的細節，即便當時沒說，也會態度和善地讓小雲等他睡醒後再談。現實生活中，類似的情況不剩枚舉，如情侶分手的過程通常都是：出現分歧——頻繁吵架——持續冷戰——互相不找對方——默默地分手。很多人將分手的原因歸結為性格不合，但事實上，從一開始的相親相愛到互相厭惡，都是因為暴力的溝通而造成的。有些情侶將溝通不順的罪責丟給情緒，並認為是不安、害怕、憤怒等阻礙了彼此的交流，殊不知，真正的幕後黑手是自己和自己的內心。

又到了一年一度的春節，小玉經千辛萬苦回到了久別的老家過年。

吃年夜飯時，親朋好友們相聚一堂，大伯、姑姑們見小玉瘦得像個電線桿，說道：「小玉，你這麼瘦，一個人在外面很辛苦吧！快多吃點，這個好吃。」

他們一邊說，一邊拚命地往小玉碗裡夾菜，而且還盡是些大魚大肉。其實，小玉之所以這麼瘦，是因為她為了保持苗條的身材，養成了節食的習慣，平日裡一直以蔬菜和水果為主，幾乎不吃那些魚、肉等葷食。此時此刻，她的內心無比鬱悶，是果斷地拒絕他們，還是保持禮貌吃下去？考慮再三，小玉想試著委婉地拒絕：「謝謝大伯、姑姑的關愛！不好意思，我不是很喜歡吃這些肉，而且身為一名模特兒，我必須時刻保持好身材，所以我吃點菜就好！」

大家聽到這番話後，紛紛露出沮喪的表情，但過了一會就好了。飯後，大家問起小玉的男朋友，父母趁機讓親朋好友們幫忙張羅小玉的婚事，大家七嘴八舌地議論，都想幫她介紹對象，最後甚至把年後相親的日子都安排好了！面對長輩們的逼婚，小玉心裡是一百個不願意，卻又不好發作。不過之前的嘗試讓她很受用，只見她不慌不忙地說道：「感謝大家的美意，但我不能去相親，因為我不喜歡這樣的相遇，更不喜歡這樣的愛情，而且時間上也不允許。」

面對小玉如此坦誠的回答，大家都愣了一會，但隨後很快便釋然了，因為愛情畢竟是她自己的事，如果她本人不願意，無論別人怎麼努力也沒用。

生活中，常會聽到這樣的話：「懂你的人，不需要解釋；不懂你的人，何必解釋。」乍一聽這話，確實很有道理，但事實上，它卻未必適用於所有場合。畢竟要找一個真正懂我們的人，實在是太難、太難了，就算兩個經歷相似、性格相仿、喜好相同的人，在很多事情上亦會出現分歧，更別談兩個沒什麼交集的人！

所以，在與人溝通時，我們一定要表達自己內心的真實感受！一般情況下，導致我們溝通不順的因素主要有以下這幾個：

1. 在交流過程中，雙方容易演變為爭吵；

2. 交流雙方無法獲取對方表達的真正意圖，如我們領會不到對方的意思，或對方領會不到自己的意思；

3. 溝通並沒有解決我們想要解決的問題。

這些因素追根究柢都是沒有表達自己真實的感受，以致彼此產生了誤解和分歧。那麼，什麼是真實的感受呢？它是指立足於自己的感受，而非想法，這能消除對方的不安感，增強彼此之間的信任，使溝通變得更為順暢！親愛的朋友，當我們接受了自己的感受時，便能更明白自己的需求，同時也能去體會別人的感受和需求，學會表達自己的真實感受，也是愛自己的重要一步！

愛的練習題

1. 生活中，如果你和家人意見不一致，你會如何去溝通？
2. 工作中的你，是否勇於表達自己真實的感受？

與其猜測對方想法，不如直接表達需求

太過委婉的表達，不僅傳達不了我們的意思，還容易引發他人的猜疑！

從小受傳統教育薰陶的我們，也許已經習慣了含蓄地表達內心，如用鮮花轉達自己的愛意；用通訊軟體傳遞自己的歉意；用手勢表達自己的讚美等，雖然這些很浪漫，也有情調，但過於含蓄的表達方式，不僅無法準確傳達我們的意思，還容易引發猜疑，讓對方產生誤解，繼而造成不必要的矛盾和衝突。

元旦快到了，這是萍萍跟男友交往一週年的紀念日，自從他們確定關係後，感情一直都平淡無奇，所以這一天她想給男友一份神祕的禮物。

首先，萍萍開始經常以各種藉口推掉約會，不是稱病，就是說公司加班；其次，當男友突然來找自己時，精心打扮的萍萍卻裝作正要出門；最後，萍萍還頻頻出現在男士精品服裝店的門前。面對萍萍的轉變，男友一一詢問了她的朋友、同事，

想不到他們全都守口如瓶，全都回答：「不知道！」

男友越想越不對勁，不明白昔日溫婉賢淑的萍萍，如今是怎麼了，彷彿變成了另外一個人，這不禁讓男友的腦海中充滿了各種想像，他很害怕事情真的像他想像的那樣，所以一直都沒有開口問萍萍，只能自己去尋找答案。從那以後，男友開始關注萍萍的一舉一動，甚至恨不得一天 24 個小時盯著她。

元旦這天，萍萍訂了一家法國餐廳，邀請男友共進晚餐。當天，萍萍如約而至，還精心打扮了一番，這讓男友十分開心，覺得萍萍心裡還是有自己的。兩人愉快地吃完飯後，萍萍突然拿出一套男士西裝，說這是他們交往一週年的禮物，並交代了自己最近反常的原因。緊接著，她便伸手向男友討要禮物。

男友聽後頓時傻了眼，因為最近他一直忙著跟蹤萍萍，根本沒想到交往一週年的事，更沒時間去買什麼禮物。見男友非但沒有準備禮物，還忘了兩人的一週年紀念日，萍萍頓時火冒三丈，拎起那套西裝便轉身離開了。

事後，男友也覺得一肚子的委屈，認為萍萍不該弄得如此神祕，害得自己擔心害怕了好一陣子。兩人見面就為這事吵架，最後乾脆不見面了。

情侶之間是需要點神祕感，但若神祕過了頭，就會引發不必要的矛盾了，因為什麼都靠猜測，會讓對方覺得跟你一起太累，最後只能選擇分道揚鑣。人與人之間的往來也一樣，若為了保持神祕感而故弄玄虛，往往會引發對方無限的遐想，這不僅會傷感情，甚至還會弄巧成拙。

所以在與人溝通時，與其讓對方諸多猜測，不如直接說出需求。

某精密機械工廠生產了一種新產品，由於人手不足，於是將一部分零件委託給了另外一家小型工廠製造，想不到，當該小型工廠將零件的半成品送過來時，檢驗人員發現竟全都不合要求，這把負責生產的王俊德給急壞了。

新產品上市已經迫在眉睫，王俊德連忙打電話給小廠的負責人李偉文，並請他盡快重新生產，但李偉文卻認為，自己這邊完全是按要求的規格來製造的，並沒有錯，再加上重新生產會損害自己的利益，所以他不想重新生產那些零件。就這樣，雙方在電話裡你來我往地僵持了許久，事情依然沒有解決。

總廠廠長在問明原委後，決定親自去拜訪一下李偉文，並妥善解決這件事。廠長前腳剛到，後腳便馬不停蹄地見了李偉文，李偉文本以為對方會先寒暄幾句，或做個鋪陳什麼的，誰知廠長開口就直接說明了來意。

廠長說道：「我想這件事完全是因為公司方面設計不周所致，而且還讓你吃了虧，實在是抱歉。今天幸好有你們幫忙，才讓我們發現了這件產品的缺點。只是事到如今，產品總是要上市的，不然我們就都虧大了，所以，你們不妨將它製造得更完美一點，這樣對你我雙方都是有好處的。你覺得呢？」

李偉文聽完後，覺得廠長說得沒錯，倘若這批貨不能按時上市，對誰都沒有好處，到那時，損失的可能不止這點重新生產的錢，便欣然答應了！

俗話說「人心隔肚皮」，不同的人有不同的想法和觀點，我們覺得能猜對對方的心思，是一種默契，是一種情調，但在對方看來，卻是一個無聊透頂的遊戲。要知道，沒有人願意一直揣測別人的心思，即便對方是自己最親密的人，因為他們不想在猜疑中度日，太花腦筋不說，關鍵是實在太累了！

語言是一門微妙的藝術，要想讓他人滿足我們的需求，首先就必須讓他知道我們的需求是什麼，否則對方便會束手無策，這需要我們明確表達自己的需求，從而讓對方知道應該從哪裡下手。就像一個神槍手，如果蒙上他的眼睛，再讓他去找既定的目標，那他只能憑感覺去射擊，這是不可能擊中目標的。所以，在與他人溝通時，我們一定要清楚表達自己的感受和需求。

此外，我們還要提出具體的要求，越具體的請求，就越容易讓對方找到我們的需求，同時我們的需求也越有可能得到滿足，反之，則會像矇住眼睛的神槍手，只能胡亂掃射。

對溝通而言，默契和情調等都是一時的，需求才是永恆的。

愛的練習題

1. 生活中的你，是個喜歡讓別人猜測的人嗎？
2. 你有沒有過直接表達需求的經歷？

欣賞就大方說出口，不要吝嗇讚美

欣賞就應該及時地表達，因為這不但能拉近距離，更有利於建立情感。

人總是喜歡別人讚美的，即便知道對方講的是場面話，心裡還是免不了會沾沾自喜，這便是人性的弱點。換言之，這是每個人內心的渴望和需求，因為沒人會厭惡讚美，除非對方說得過於離譜。也正因為如此，在與人溝通時，只要欣賞就應該及時地表達，這不但能拉近距離，更利於建立彼此的情感。

有一年，王美娟所在的公司承包了一項大工程，身為工程師的她，理所當然的負責這項工程。剛開始時，一切都非常順利，然而就在工程接近完工時，負責裝飾工程的承包商卻突然打電話來說：建材遲遲未到，恐怕無法如期完工。若工程不能如期完成，公司必將損失慘重，於是王美娟決定親自找該承包商商談此事。在詳談的過程中，她採用一貫的欣賞策略，才使得公司化險為夷。

當王美娟踏進該承包商的辦公室時，並沒有提及工程的事，細心的她，精心設計了一句獨特的開場白：「你真是與眾不同，整個區竟然找不到一個跟你同姓的人！」如此簡單的一句稱讚，卻引起了承包商的濃厚興趣，他睜大了眼睛，興奮地追問道：「真的嗎？我自己都都不知道呢！」

王美娟見狀，接著說：「今天早上我為了找你的地址，不得不去翻看註冊過的電話簿，結果發現你這個姓氏，幾乎區就你一家，別無分號！」

「哦？真有這回事，我怎不知道？」那位承包商說著，也將電話簿給翻了開來，他邊翻邊說道：「我這個姓的確是不多，事實上，我祖先根本不是本地人，他們是戰爭時期從外地來的，據說我們祖先還出過不少名人呢！」

緊接著，這位承包商興致勃勃地開始介紹自己的家族史，王美娟則時不時地發出幾聲讚嘆。待承包商說完家族歷史後，王美娟又不失時機地稱讚起他的事業，說他剛過而立之年就建立了屬於自己的事業，一說到這裡，承包商更加興致高昂，他將自己的創業經過詳細地說了一遍，王美娟依然不時地發出讚美。

最後兩人儼然變成了一對好友，工程的事自然也圓滿得到了解決。

雖然這種做法有恭維之嫌，卻不同於毫無底線和節操的「拍馬屁」，她的每一句讚美都發自內心，並且透著驚訝、敬佩或欣賞。事實證明，王美娟的讚美令承包商很受用，因為它不僅迎合了對方的虛榮心，更加滿足了對方內心的需求，從而使得彼此瞬間建立了情感的橋梁。

千萬不要覺得讚美別人很容易，因為它也是個「技術工作」！

小梅是位已經懷孕6個月的孕婦，遠在他鄉的她沒有長輩在身邊，心裡總覺得有點不太放心，而且她的肚子也越來越大了，必須要有個人來照顧自己，於是她想僱傭一名年紀稍大的月子保母。在月子保母來之前，小梅打了通電話給月子保母的前僱主，詢問了一些情況，對方說這位月子保母什麼都好，就是不太好打交道，據說是因為受了巨大的打擊，才使得這位月子保母的性格十分孤僻。

面對前僱主的這番話，小梅的心裡是七上八下，孕婦最主要的就是保持愉快的心情，讓這樣的在家裡，不是在為自己找麻煩嗎？但時間緊迫，小梅一時也找不到其他合適的人選，而且，交際能力一向不錯的她認為，那位老人家看起來也不像是個很難說話的人，於是最後還是決定僱傭這位月子保母。

月子保母剛來的幾天，幾乎不怎麼跟小梅說話，只顧著埋頭去做她指示的那些事，不過後來，兩人竟變成了忘年好友，因為小梅找到了這位月子保母的「弱點」。這天，小梅像平時那樣吃飯，為了改善彼此的關係，她說：「這些日子以來，我發現妳很會做菜，尤其是煲的這個湯，太像我媽做的味道了！」此話一出，這位月子保母下意識地看了她一眼，說：「煲湯是我最拿手的，我媳婦也經常誇我！」

就這樣，小梅時不時地誇獎月子保母的湯，久而久之，她們竟然從只有寥寥數語的對話，變成了侃侃而談的朋友，最後還成為了無所不聊的知己！

提及讚美，有些人可能會將其跟阿諛奉承掛鉤，但它們完全是兩碼事。讚美是為了協調人際關係，以表達自己對別人的尊重和欣賞，從而增進彼此間的了解和友誼。它不同於吹噓的阿諛奉承，吹噓的東西往往不切實際，並且有刻意誇大的嫌疑，而讚美則是有憑有據的表揚。生活中，只要我們能多一點善意的觀察，少一點追求完美的眼光，就不難發現值得我們欣賞的人和事！

然而，要想與他人建立情感，不但要讓讚美達成目的，還要不流於俗套，這可不是件容易的事，得講究方式和方法。那怎樣才能讓讚美恰到好處呢？

態度一定要誠懇

讚美別人首要的條件，就是要有真摯的心意和誠懇的態度。很多時候，語言能反映一個人的心理活動，那些輕率、不誠懇、有口無心的話，都很容易被對方識破，繼而引發不快、產生厭惡感。

不能與現實相差太大

此外，讚美別人時，也不能與事實相差太遠。例如，你看見一個小孩流著鼻涕且表情呆滯，卻對他媽媽說：「你家小孩好像滿聰明的！」對此，孩子他媽會作何感受呢？原本你只是想讚美孩子，由於誇得太離譜，變成了一種諷刺，最終產生了反效果。所以，我們應當在事實的基礎上去讚美別人，而不能信口開河地想到什麼說什麼。

不能千篇一律

沒有誰會喜歡千篇一律的讚美，讚美別人要符合當下的情景和場合。例如，我們經常掛在嘴邊的「帥哥」、「美女」等，倘若你對著一位滿臉皺紋的老太太喊「美女」，搞不好她會用枴杖打得你滿地找牙。所謂的「美、醜」，不僅僅是指面孔的結構，還有臉上的表情、動作和姿勢，對於不同的人，應當給予不同的讚美。

愛的練習題

1. 生活中的你，是否樂於讚美他人呢？
2. 通常你會如何表達自己的欣賞之情呢？

第五章
表達感受，不要讓情緒變得模糊

也許在不少人看來，表達感受是件很簡單的事，可是要清楚、準確地表達出來卻並非易事，因為我們總喜歡在感受裡摻入雜質，如礙於面子而羞於說出內心的苦澀；為了迎合對方而昧著良心說假話等。甚至有時，我們還會拒絕讓別人了解自己，以避免自己被誤解、被傷害。正是這些因素影響了我們的溝通，使得彼此間產生了猜疑，唯有準確地表達感受，才能讓溝通更順暢！

釋放被壓抑的內心世界

你若悄悄地在感受裡摻入雜質，輕者會終止溝通，重者會直接毀了這份感情！

人是種很奇怪的生物，雖擁有發達的頭腦、敏銳的感官和豐富的詞彙量，但只要情緒蒙上了灰塵，便無法表達自己的感受，甚至有時還會胡亂表達。但現實又總喜歡捉弄人，家庭的矛盾、工作的煩惱、生存的壓力等等，每一樣都令我們倍感壓抑，以致我們在與人溝通時，不僅說不清楚自己的真實想法，還悄悄地在感受裡摻進了不少雜質，輕者令對方放棄了溝通，重者會直接毀了這份感情！

可見，在溝通時要先釋放壓抑的情緒，唯有如此，我們才能有效避免暴力溝通，坦誠地去與他人交流、碰撞，從而拉近彼此之間的距離。然而，情緒既不是物品，也沒有生命，它看不見也摸不到，你拿它完全沒有辦法，只能靠自己去努力突破，倘若你一輩子都拿它沒轍，那你這一生就會被它牽著鼻子走。

何博宇和鄒文斌是兒時玩伴，何博宇性格活潑開朗，每天都笑嘻嘻的，似乎從沒有過煩惱；而鄒文斌卻性格內向、沉悶，只要遇到一點事，便會一整天都悶悶不樂的。

大學畢業後，何博宇如願進了一家外資公司，性格外向的他從不會讓工作毀在自己手裡，無論上司交代的事有多容易搞定，他都會想方設法地超額完成。這不，上司不過是要他將已經敲定的合約送給客戶，他卻查閱了所有的資料，重新擬了套方案，不但提升了百分之三十的銷售額，客戶的利潤也提升了百分之四十。

不過當何博宇拿著新合約去見客戶時，對方見增加了訂單，便立刻翻了臉：「怎麼訂單追加了這麼多？之前不是都已經定好了的嗎？你們怎麼變來變去？我不想跟你談，叫你們劉總來談談！」說著便不悅地將合約甩到了桌上。

「您先別生氣，請繼續往下看，我們是根據您公司的市場做了相應的調整，可以讓您的收益增值至少百分之四十呢！」何博宇微笑著繼續說道。

「我不想跟你廢話，你把劉總叫來，我要當面問問他為什麼言而無信！」

面對客戶如此強硬的態度，如果換了別人，也許會鬱悶地轉身離開，但何博宇卻繼續笑笑地說道：「您誤會了，我們並非是言而無信，如果您想按照以前的合約走，我們同樣非常歡迎，只不過您是我們的VIP客戶，所以李總才熬夜改出了這份能讓您獲得最大利潤的新合約！」說著，他將舊合約也放在了桌上。

客戶聽完何博宇的話，半信半疑地拿起新合約，不一會，他便笑著說道：「年輕人，這份合約我簽了！看來你們李總的確費了不少心思，就連我那些老員工，都沒給過我如此精準的報告呢！」說著便大筆一揮，簽了新合約。

正春風得意的何博宇，接到了鄒文斌的電話：「嗨，最近怎麼樣啊？」見對方半天沒說話，他說道：「你有心事啊？我們老地方見，來幫你開導一下！」

何博宇到後，拍了下鄒文斌的肩膀：「嘿，你怎麼先喝了？說說吧，怎麼回事啊？」

原來，鄒文斌被一家大型企業「相中」後，這一個月來，上司來來回回就那幾句話：「小鄒，把這合約送去 xx 公司；把那個檔案拿去印出來；把這資料拿去做一下校對……」他覺得自己完全不像這家公司的員工，根本就是個打雜的，每天重複著一些雞毛蒜皮的小事，簡直就是在浪費自己的青春，心裡非常壓抑。

何博宇聽完後勸解道：「既然你們公司錄用了你，那表示他們肯定是需要你的，這點你必須承認，對不對？」鄒文斌深思了一下，便點了點頭。

「既然你是被需要的，那麼無論他們讓你做什麼，你都沒必要不開心。上司不派工作給你，你大可以主動幫忙啊。比如你有沒有了解過目前公司做的專案缺什麼？有哪些是需要完善的？你不妨做出詳細的專業報告給主管一些意見，哪怕不被採納，你也付出了心血，我們對得起這份工作，拿得起這份薪水，對不對？」

聽完何博宇這番話，鄒文斌忽然眼前一亮，頓時心情好了起來！第二天一早，他就去公司翻閱了資訊，然後針對現階段正在執行的幾個停滯的專案，做了一份深入的技術報告。最後，他鼓起勇氣敲響了上司的門，心情忐忑地交給了上司。

果不其然，上司看完直接對鄒文斌豎起大拇指，直呼：「後生可畏啊！」

有人說：「在你沒有能力創新的時候，最明智的方法就是複製」，不少人出於自身的一些原因，如經驗不足、能力不夠、學歷太低等，被迫壓制了自己內心的「小宇宙」，行屍走肉般重複著別人做過的事，像機器那樣周而復始地程式化運行，才能被「真理」、「正確觀念」、「成功案例」等束縛得無法動彈，如同產線上的產品般存在，既沒有思想，也沒有任何的情緒。

案例中的鄒文斌便是如此，他的苦惱就來源於經驗不足，以至於上司總讓他做一些無關痛癢的小事，從而埋沒了他真正的才能。若不是好友何博宇及時勸解，釋放了他那被情緒壓抑的心靈，搞不好現在他依然還是個打雜的小弟，甚至一輩子都無法得到企業的重用！壓抑的後果遠比想像中可怕，我們唯有學會了自我調節，才能像何博宇那樣準確抓住對方的感受，在滿足對方需求的同時，達到雙贏。

然而，人們卻更樂於在慣性思維下，墨守成規地服從「真理」的安排，壓抑著自己得過且過。生活中，我們往往太在意「別人想讓我如何」，以獲得他人的接納和讚賞，殊不知，其實對方更希望看見我們能施展才華，而不是畏手畏腳地人云亦云。所以，永遠不要因壓抑而選擇沉默，更別因此害怕表達自己的感受，只要你能勇敢地說出口，便會有份驚喜在不遠處等候著你的到來！

愛的練習題

1. 你覺得自己活得壓抑嗎？為什麼？
2. 在得不到認可時，你是坦誠說出自己的感受和想法，還是選擇沉默呢？

當你聽到惡意言語時，如何應對？

你表達的感受越清楚，對方才越有可能給予你正向的回應！

當遭遇不中聽的話時，有些人會認為是自己的錯；有些人可能會指責對方；有些人則會只顧著自己的感受和需求；而有些人會用心去感受對方的需求。雖然聽到「惡語」，一百個人會有一百種感受，但對於那些過分殘忍的話，人們卻往往只有一種感受——傷心難過！它不僅會為我們的心靈帶來傷害，也會令我們懷疑自己，甚至還會使我們自我否定，以為自己真的就那麼糟糕。

俗話說「忠言逆耳」，當我們聽到身邊親人的「惡語」時，往往會不自覺地全盤接受，即便內心猶如千萬隻螞蟻在撕咬，也選擇了沉默不語。

沉默只是遭遇「惡語」的一種選擇，很多時候，我們會用更直接、更粗暴的言辭去反擊，殊不知，這才是最錯誤的決定，因為這根本不是你內心真正想做的，而是盛怒之下的一時衝動罷了！倘若別人不過是無心之過，那麼你這種糟糕的暴力溝通方式，勢必會影響你們今後的關係，破壞彼此的情感！

阿傑的公司來了一位新人，從公務機關跳槽到這裡的他，一心只想著賺大錢，為了激發他的潛能，阿傑找他進行了一次談話：「年輕人，聽說你以前表現得非常出色，如果你今年的年業績能達到 1,000 萬，我給你 100 萬的分紅當獎金！」

年輕人聽後十分激動，當即問道：「真的嗎？老闆，我一定努力完成任務，保證不辜負您的期望！」從此，這位員工便全心全意投入到了工作中，不僅每天第一個到公司，最後一個離開，而且還從不請假，即使不舒服，也帶病去拜訪客戶。就這樣日復一日，一年很快就要到了，年輕人看著所剩無幾的目標，做出了最後的衝刺，終於，他透過不懈的努力，在年底最後一天如願完成了業績。

年會上，阿傑親自拿著獎金，遞給這位勤勞的員工：「年輕人，做得很好，我們公司就需要你這樣的人才！今年辛苦你了，這是我發給你的獎金！」

年輕人接過獎金看了看，有點不高興地說：「不對啊，老闆，不是說好了給我 100 萬的嗎，怎麼少了這麼多呢？我可是辛苦了整整一年的時間啊！」

阿傑剛想開口解釋，年輕人卻急了，憤怒地說道：「身為老闆，怎麼可以言而無信呢？這可是我的血汗錢啊，太卑鄙無恥了！」他說完甩手就要走人。

面對突如其來的辱罵，阿傑心裡很氣憤，本想讓這狂妄的年輕人離開算了，可是出於惜才，他還是拉住了對方，說道：「雖然我很生氣，但念在這事的確錯在於我，沒事先告訴你實情，我先不跟你計較，你跟我來辦公室一趟！」

來到辦公室後，阿傑便拿出了一份擬好的合約說：「我並非言而無信，只是公司正在擴張期，目前帳面上的現金不足，等年後那筆大案子入帳，就立刻幫你補齊獎金！」

年輕人聽完為之一震，隨後便開始為剛才過於激烈的言行感到內疚了，半天沒說話。

阿傑見狀，繼續說道：「我怕你不信，還特意擬了這份合約，你看看！」

年輕人接過合約時，阿傑解釋道：「這是股份轉讓合約，我將你剩下的那 80 萬，按比例劃分了股票給你。如果你還信得過我，你以後就是合夥人；你若不信，我可以現在就立字據給你，案子一入帳立刻補給你 80 萬的現金。」

聽到這裡，年輕人激動地不停道歉：「對不起，我剛才太衝動了，我以為……」

「什麼也別說了，這件事就算了，但身為合夥人，以後不能再這麼衝動了！」看著滿臉歉意的年輕人，阿傑輕輕拍了拍他的肩膀，緩解了彼此的尷尬。

這件事之後，這年輕人便成了阿傑的心腹，同時也是他最得力的助手。

顯然，阿傑的大度不僅得到了一名「猛將」，更輕鬆俘獲了那位年輕人的心，若他因氣憤而不顧自己的錯誤去咒罵對方，絕對會失去這個難得的人才。其實，沒有人天生就喜歡「出口成髒」，他們之所以會對你惡語相向，往往都是由於內心的需求沒有得到滿足，你若不分青紅皂白地反擊，只會傷害彼此的情分。

此時，你不妨直接告訴對方自己的感受，即便是個蠻不講理的人，也會停止對你歇斯底里的中傷，因為你的訴說，會使他進行換位思考，待他情緒有所緩解後，你再引出他「惡語」背後的真相，事情便一定能有個圓滿的結局。這絕對比你們相互指責、來回謾罵，以致彼此間的感情一點點剝落要好上許多。

感情是需要溝通的，唯有將自己的感受和需求說得越清楚，他人才越有可能給予你正向的回應，否則無論你說或不說，都不過是在浪費力氣罷了。

愛的練習題

1. 面對親友們逆耳的「忠言」，你會默默地接受嗎？
2. 當別人對你惡語相向時，你會怎樣應對呢？為什麼？

找出批評背後未被滿足的期待

批評往往只能得到申辯和反駁，唯有感受和需求，才能得到正向的回應！

在快節奏的現代社會，人們總奢望能用最少的語言去解決問題，以致批評和指責隨便就脫口而出，想不到本想藉此促使對方改變的你，卻遭遇了一場變本加厲的突變！事實上，批評往往暗含著期待，我們期望對方能因此而做出改變，批評只是用來宣洩需求未被滿足的手段。殊不知，人們在面對批評時，第一反應便是申辯和反擊，唯有你直接訴說自己的感受與需求，對方才能不用猜測，及時地做出回應。

可悲的是，在現實生活中，大多數人都誤以為批評是一條「捷徑」，並沒有從需求的角度來考慮問題，尤其是在他們不順心時，常常會更傾向於揪出別人的錯誤，如對方沒立刻去打掃房間，就可能被說是懶蟲；對方沒聽從他們的建議，就可能被說成專橫跋扈等等。試問，誰會樂於跟一個否定自己的人溝通呢！

最近，都更的消息讓小陳興奮不已，終於可以離開這棟破公寓了，但身為管委會主委的他，同時也倍感壓力，因為並不是每個人都跟他的想法一樣。為了能盡快住進新房子，他在住戶間召開了一場都更事宜討論會，讓大家一起來想辦法。

會議時，小陳說：「大家對都更有哪些要求，都提出來，我們一起商量！」

小陳話音剛落，就立刻有人發言：「我們的要求很簡單，就地重建，立刻搬！」這是老楊，說完便喝起茶來，彷彿其他人的意見跟他沒什麼關係。

「你說得簡單，就地還建立課搬，現在搬了，我們住哪裡？我們不搬！」2 樓的住戶聽完後激動地說道。很顯然，他對老楊提出的這項要求非常不滿意。

「你們這樣賴著不搬，房子什麼時候才能蓋啊？我們在這住了大半輩子，雖然有了感情，但也是真的想換個環境，人老了，爬上爬下的實在是不太方便！」

不知誰突然插了句嘴：「你們是不是拿了什麼好處？不然怎麼這樣隨便。」

這句話令整個會議鬧翻天，大家開始你一言、我一語的交頭接耳起來。

「肯定是拿了好處，說不定背後答應了他們多少要求。」

「搞不好就是這樣，我們這些老百姓總是弱勢群體，一點都不公平！」

「是啊，這幫人就是虛偽，自己想要的都有了，卻在這想騙我們！」

面對大家互相攻擊的局面，年紀最長的王爺爺有點坐不住了，他搖了搖頭說道：「這樣還談什麼談，根本就談不攏嘛！」

說完便起身步履蹣跚地走了。

就這樣，這場討論會在相互指責中不歡而散，只留下小陳在會場上發呆。

這場糟糕的討論會結束後，小陳在想：如何才能讓大家都滿意呢？

左思右想，還真讓他想出了個好辦法。他逐一去找每個住戶談話，深入了解每個居民的需求，一一做好記錄，並進行了整理；隨後，他結合都更的補貼政策和相關規定，擬定了一份都更意見書，再次召開了一場都更事宜討論會。

大會開始時，小陳就把那份意見書發給了大家，他解釋道：「我們一共有十戶，我統計每戶的需求，這次是響應政府的都更政策，建商會盡量滿足大家的要求。這份是你們的綜合需求，大家看看照這樣是否滿意？」

「好，我們要就地重建的要求滿足了，我們同意都更！」

「咦，我們要求補償的費用也寫上去了，那我們也配合都更！」

「是啊，我們要求補償裝修費也加了上去，我們同樣支持！」

……

大家看著都更建議書都十分開心，不僅原有的要求得到了滿足，還可以享受其他住戶提出的那些待遇，於是紛紛表示對這個結果非常滿意。

案例中，同樣的出發點，不同的溝通方式，所導致的結果卻截然不同，由此可見說話方式的重要性。很多時候，我們常會忽視自己內心的感受和需求，總以最糟糕的暴力模式去進行溝通，結果不但辭不達意、令人誤解，還讓原本簡單的事情變得複雜。對此，我們應揪出躲在批評背後的期待，真實地表達自己！

例如，你對丈夫說：「你看都不看我一眼」，其實你渴望更多關注。你對朋友說：「你從不理解我」，其實你是希望他能多理解你一點。你對同事說：「為什麼你每次都投我反對票？」說明你想獲得他的認同……其實大可不必如此急於下結論，不妨先靜下心來，好好思考自己想要的是什麼，再跟對方溝通也不遲！

要知道，我們溝通的目的不是改變他人來迎合自己，而是本著一顆真誠、友愛的心，與對方一起創造皆大歡喜的結局。此時，我們就像是水，雖然花朵需要水的灌溉才能茁壯成長，但你若過度澆水，只會加快它枯萎的速度！所以，不能太急躁，要想清楚了再說，唯有如此，你的花才能長得更大、更美！

愛的練習題

1. 面對他人的批評，你的第一反應是什麼？
2. 當你想讓別人滿足自己的需求時，通常會怎樣去表達呢？

你的需求，就是最真實的感受

與其壓抑自己的感受，傷人傷己，不如告訴對方你的需求，重拾幸福！

在禮義廉恥的驅使下，我們常會把自己的需求放在最後，久而久之，便漸漸地遺忘了它，甚至將其當成了一種羞恥。尤其是對於家庭婦女來說，為了能照顧好家裡，她們幾乎犧牲了一切，她們整天都忙著帶孩子、洗衣服、打掃、買菜做飯……鮮少有時間與人聊天，以致忘了該如何表達內心的感受和需求！

例如：太太本來想說：「我今天實在是太累了，晚上我想好好地休息一下」，結果卻說：「我今天一天都沒休息過，早早地就起床開始做早餐，吃完早餐我又去買菜，然後回來洗衣服、拖地，幫爸媽做好了中飯後，我又開始洗碗、準備晚餐，緊跟著接孩子放學，然後再繼續做晚餐……」這段話聽起來不像是表達感受和需求，更像是在發牢騷，也許丈夫還沒等她說完，便已經轉身離開了。

「老公，我想跟你商量一件事。」珊珊對正在工作的老公說道。

「說來聽聽！」老公小峻盯著自己的筆電，繼續著他的工作報告。

「你看，兒子已經上小學三年級了，成績也還不錯，不用我們再操太多的心，只要有人接送他上學就夠了，我可以出去找份工作來貼補家用了。」

「妳想讓誰來帶小孩呢？」小峻抬頭看著老婆，意味深長地問道。

「還能有誰，當然是我們爸媽啊！他們退休在家也沒事做。」珊珊回答。

「不行，爸媽那個溺愛的程度，一定會讓兒子養成壞習慣！」小峻停頓了一下，繼續說，「我們又不是缺錢花，妳幹嘛急著出去上班，再說找工作且需要一段時間，妳就別想這些了，好好在家帶孩子吧！就這樣，我還要工作呢！」

面對丈夫的搪塞，珊珊本來想繼續爭取，又怕會惹他不高興，便放棄了。

這天，珊珊的電話突然響了，她一看號碼，竟是一位老客戶打來的，她趕緊接了起來：「喂，劉總，您好！好久沒聯絡了，不知道您找我有什麼事？」

「聽說妳已經辭職了，不知道妳最近有沒有空，我想私下請你幫個忙。」沒等珊珊說話，劉總便問：「明天下午2點到4點妳有空嗎？能不能幫我公司的新員工做個職業培訓呢？我只相信妳，酬勞照之前的價格，可以嗎？」

從劉總懇請的語氣中，珊珊聽得出來他是真的急需人員培訓，再加上還有錢拿，二話不說就答應了，正好時間也不衝突，培訓完還能去接孩子放學。

第二天，珊珊依約來到劉總公司，培訓進行得相當順利，新員工的反應也相當熱烈，這讓整天被家務壓得喘不過氣的她，感受到了從未有過的快樂。於是，她下定決心要出來工作，工作給予她的滿足感，是什麼都替代不了的。

晚飯過後，珊珊再次跟老公商量：「老公，我還是決定要出去工作，在家我一點都感覺不到快樂，我甚至覺得自己快要崩潰了！」

「那孩子怎麼辦？」小峻問道。

「我已經跟媽說了，她非常願意幫我們帶孩子，明天就過來。」珊珊接著說，「我在家不高興，壞情緒也會直接影響到兒子，何必搞得都不開心呢？」

「妳為什麼不開心呢？在家做做家事、看看韓劇不好嗎？」小峻問。

「不好！我好歹也曾經是個小有名氣的講師，但自從你升遷後，我就只能整天跟鍋碗瓢盆打交道，你有夢想，我就沒有理想嗎？我已經為你犧牲了三年的時間，你也該為我想想了，我需要回到職場，去實現自己的人生價值！」

珊珊一席話，說得小峻感同身受，他的確不能太自私，於是點頭答應了！

每個人的承受都能力是有限的，「不在沉默中爆發，就在沉默中滅亡」，假如珊珊沒有告訴小峻自己的感受和需求，而是選擇繼續在家做全職太太，長期處於壓抑狀態的她，勢必會在無法承受時爆發，屆時必定會為家庭帶來一場災難。與其壓抑自己的感受，最終傷人傷己，不如告訴對方你的需求，美好結局！

我們的需求最能反映真實的感受。就好比明明獅子、老虎愛吃肉，卻要裝成小白兔愛吃蘿蔔和青菜，牠一定會感到痛苦不堪；明明是老鷹熱愛自由翱翔，卻被活生生剪掉翅膀，關在動物園的籠子裡供人觀賞，牠必然會覺得壓抑。

當然，當我們說出自己的感受和需求時，對方也未必會立即接受，也許在他看來，你的那些需求微不足道，但倘若你連說出口的勇氣都沒有，那麼你就只能永遠沉浸在痛苦之中。別指望別人能良心發現，你自己都不重視的事，別人又怎麼可能會放在心上呢？所以，你若想獲得幸福和快樂，就必須告訴對方自己最真實的感受與需求，即便他當時沒回應，終會有所改善。

愛的練習題

1. 現實生活中，你知道自己需要的是什麼嗎？
2. 當你的需求得不到滿足時，你會怎麼去表達呢？

先釐清思緒，才能準確表達情緒

感受可不是你覺得彼此「心心相印」，就「一切盡在不言中」了！

很多時候，我們口中所說的「我覺得……」，並不是自己的感受，而是一種看法或想法，以致別人不明白你到底想要什麼，很難進行下一步的溝通。如我們經常把「我覺得不錯」、「我覺得很好」等掛在嘴邊，殊不知，此時的「不錯」、「很好」，只是你對事物的看法，真正的感受應當是：「吃完這頓飯，我覺得開心多了！」或是「這家遊樂園太棒了，我玩得非常高興！」又或是「我失戀了，好難過」……

事實上，我們並非不願分享自己的感受，而是不知該如何去表達。

這樣的例子比比皆是：看完電影後，男孩問女孩：「這部電影怎麼樣？」女孩回答：「很好啊！」於是男孩追問道：「怎麼個好法呢？」女孩被問得有點煩了：「就是不錯啊，你不是也有看嗎？」其實，男孩只想得到類似這樣的答案：「這部片的男主角真搞笑，我從頭笑到尾，好開心」或是「這片子太爛了，看完我都鬱悶了」……

「大家聽著，明天上午9點全體開會，由我們的業績王琳琳發表演講。屆時，來這裡視察的總經理布朗先生會旁聽！」劉祕書嚴肅地走進辦公室說道。為了引起大家足夠的重視，他又在公司的工作群裡發了公告，以示提醒。

不久，會議開始了，主角琳琳閃亮登場：「大家好！我是業務部的王琳琳，非常感謝公司給了我這個實現自身價值的平機會，讓我能在這茁壯成長……」琳琳的演講十分成功，大家時常報以熱烈的掌聲。大會結束後，布朗先生對琳琳印象深刻，想單獨與這位公司的菁英聊聊，於是他們一起來到了樓下的咖啡廳。

「琳琳，恭喜妳成為公司的業績王！妳的確很優秀，這是我們的榮幸！」布朗先生說道，然後替琳琳點了杯她最愛的拿鐵，這是他事先調查好的。

「謝謝，布朗先生！這同樣是我的榮幸！」琳琳輕輕抿了口咖啡，說道。

「我很想知道妳在公司的感覺如何！」布朗先生繼續說道。

琳琳微微一笑，說道：「我覺得非常好！這樣的工作是我夢寐以求的！」

「NO、NO，琳琳，我想知道的是妳的感受，而不是妳的想法。」琳琳不解地看著布朗先生，不明白這番話的用意何在。

看著一臉茫然的琳琳，布朗先生笑著說：「也許其他公司更在意員工們的想法，但我卻只想知道你們的感受，如果你們做得不開心，我終將會失去你們！」

琳琳沉默了片刻，彷彿明白了什麼，說：「我在這裡過得很快樂，無論是管理機制，還是福利待遇，我都很滿意。今天能得到您的提點，我覺得更開心！」

工作中，我們常常過度看重結果，從而忽視了導向結果的過程，以致無法準確表達自己的感受。就像案例中的琳琳那樣，她誤以為布朗先生想知道自己的想法，而不是她對這份工作的感受，倘若布朗先生沒提點她，那麼她很可能會因表達不清而搞砸此次的談話。

世人皆愛「打感情牌」，無論是對親友，還是對客戶或同事，只要你能使對方「感同身受」，那麼，事情便會朝著你想要的那樣發展，這遠比你長篇大論更有效。殊不知，這都是感受的功勞，因為感受能直接反映我們的內心，進而與對方產生心靈上的共鳴，但你若是表達不清自己的感受，這招就不管用了。

「李總，您看，這是我們公司的新產品——時光針，您看它這外形，簡直跟醫用針一模一樣，是不是很新穎，女孩們一定會喜歡上它的！」王愷明興奮地說。

「嗯，還真挺新奇的，夠有噱頭！」李總對此很滿意，微笑著說道。

「還不止呢！李總，您再看看它的成分，都是從植物裡提取的精華，既有普通的黃耆、桑葉、山藥等，也有珍珠、雪蓮、金釵石斛等珍貴材料，保證它一擺進櫥窗，就會被愛美的女孩子們搶購一空！」王愷明繼續唾沫橫飛地遊說著。

「很好，現在賣得最好的就是那些植物化妝品了！」李總點了點頭。

「對、對、對！這類保養品最好賣了，不知李總想訂多少？」王愷明問道。

「這個，你先把產品放這裡，我再研究一下吧。」李總回答。

這時，坐在王愷明旁邊的李業鵬說話了：「李總，不知道您有沒有陪夫人買過保養品，如果有，您一定知道這款產品對她來說代表著什麼，我敢向您保證，只要您今晚將它送給李太太，她絕對會非常高興！不信，您大可以先試試再下訂單！」

李業鵬的一席話，讓李總不禁想起了老婆買化妝品時的模樣，其實，他對這款產品非常有信心，只是一時沒辦法下決定罷了，但經李業鵬這麼一說，他倒能下定決心了。於是他說：「不用試，我現在就能訂，先給我一千個！」

感受對於溝通的作用遠不止如此：你若懂得分享自己的愉悅，那麼當他人感受到你的快樂時，交流也會變得順暢很多；反之，你若能及時表達自己的憂傷，那麼，別人就會設法滿足你的需求，以減輕你的痛苦。不僅如此，在你說出內心感受的同時，往往還能釋放自己內在的情緒，使自己輕鬆應對他人。

人說：「愛要勇敢說出口」，同樣的，感受也需要正確的表達。它不是你覺得彼此「心心相印」，就可以「一切盡在不言中」的，這只會讓對方誤以為一切都十分美好，從而忽視了你內心的需求。所以，你一定得學會在溝通時過濾想法，唯有如此，你才能準確表達自己的感受。

愛的練習題

1. 你知道想法和感受的區別是什麼嗎？
2. 在與人交流時，你是否能清晰表達自己的感受呢？

讓自己成爲情緒的主人，而非奴隸

唯有拋開束縛，認清自己的情感，才能真正關心他人！

對大多數人而言，通常，從情感的奴隸變成主人會經歷三個階段。

首先，我們會遇到第一個階段——奴隸時期，這階段的我們，往往會扮演「救世主」的角色，總覺得自己有責任和義務使他人快樂。若別人不高興了，我們就會惶恐不安，並認為自己應該做點什麼。此時，每一個親朋好友都是我們的感情負擔。

顯然，這種負擔會傷害到彼此的感情。例如，那些分手的情侶常常會說：「跟他（她）在一起，我怕自己哪裡做得不夠好，會傷害了他（她）。每次看見他（她）不開心，我就特別沮喪，總想盡全力去滿足他（她），但時間一久，我便受不了了，只能選擇放棄這段關係！」在不少人看來，捨棄自己的需求才算是真愛，殊不知，你連自己不愛了，又拿什麼去愛別人呢，這只會使彼此的關係變得沉重！

「老公，快來看這款限量版的包包，真漂亮！」慧慧對男友阿衡說。

阿衡看著慧慧那渴望的眼神，實在不忍心讓她失望，於是強裝出一副笑臉，說道：「喜歡嗎？喜歡就買吧！」說完，他便將自己的信用卡遞給了慧慧。

「真的嗎？老公！那我就不客氣了！謝謝老公！」慧慧激動地抱著阿衡親了一口，然後便開開心心地刷卡去了，只留下阿衡站在櫥窗前發呆。

原來，這已經是這個月阿衡刷爆的第四張卡了，照這樣下去，他再怎麼拚命工作，也很難還清卡債。要知道，他是個孤兒，每個月的收入只夠日常生活，不像慧慧家境優渥，就算不工作，父母也能養活她。其實，他已接到好幾通銀行催款的電話，新的信用卡還沒辦下來，這些都讓他如坐針氈，卻還要假裝從容。

為了討慧慧歡心，阿衡從沒拒絕過慧慧的要求，他生怕自己有一丁點做得不好，會令她不高興，那樣他會非常自責。可是再這樣發展下去的話，他自己都不知道應該怎麼收場了，因為如此巨大的經濟壓力，他實在是承受不起。然而，慧慧對這一切完全不知情，阿衡從沒透露過，她甚至還天真地以為男友很有錢。

這天，慧慧又約阿衡出去逛街，阿衡看見女友的電話，心裡七上八下的，一邊非常想和慧慧見面，一邊卡裡的欠債又讓他惶恐不安。他左思右想後，不得不結束這段關係，於是他關掉手機，辭掉工作，去了一個慧慧找不到的地方。

愛情之所以偉大，往往是因為人們能犧牲自己去滿足對方的需求。但時間一久，超出負荷的付出卻會帶來沉重的負擔。此時，我們常會為了避免傷害，而不知該怎樣告訴對方自己的感受和需求，以致不得不選擇逃離。為什麼非要弄到如此不堪的地步呢？其實，我們大可以跟對方「坦白從寬」，畢竟彼此之間還有愛在維繫著，只要我們能開誠布公地說明一切，結局遠沒有想像中那麼糟糕。

世人總會為愛不顧一切，但當我們的犧牲得不到絲毫回應時，便會感到委屈，甚至還會惱羞成怒。此時，若我們再看到他人的痛苦，常常會選擇漠視或無動於衷，如我們會說：「這跟我有什麼關係？」很顯然，我們已不願再付出，也不願為他人負責了，這就是我們要經歷的第二個階段——面目可憎！

「童童，妳能幫我寫作業嗎？我今天有場球賽。」小明說著將作業本遞給了童童。童童遲疑了一下，就同意了，她遲疑是因為今天的作業實在太多了。

放學回到家，童童不敢耽誤任何時間，趕緊寫作業。細心的媽媽發現不太對勁，於是仔細地看了看，結果發現童童是在幫小明寫作業，於是問道：「童童，妳的作業寫完了嗎？妳為什麼幫小明寫作業啊？」童童不敢回答。

「童童，妳告訴媽媽，為什麼幫別人寫作業呢？」媽媽不解的繼續追問。

童童小聲回答道：「小明今天找我幫忙，我不想讓他失望，所以就答應了。」

「那妳再告訴媽媽，妳是真的想幫他寫作業嗎？」媽媽問道。

童童委屈地說：「我根本就不想，因為我自己的作業已經夠多了！」此刻，媽媽認真地對童童說：「童童，真誠待人比委屈求全更可貴，如果別人有什麼需要妳幫忙的，你可以在不違背內心的情況下助人為樂。若實在幫不了別人，也不用太自責，因為每個人的能力都是有限的，做不到就是做不到，這是沒辦法的事情。」童童聽完媽媽的話，想了一會，便重重地點了點頭！

第二天，媽媽送童童去學校，小敏跑過來對童童說：「童童，把妳的國語課本借我一下，我忘了！」童童看了看媽媽，回答：「不行，因為我也要用！」媽媽聽完後笑著摸了摸童童的頭。

我們要經歷的第三個階段是 —— 情感的主人。此階段我們會意識到，我們雖對自己的行為、意願及感受負有責任，卻無法為他人負責。如案例中的童童，不懂拒絕的她，背負起了別人的責任，從而導致了自己的不開心。殊不知，樂於助人的出發點應該是愛，而非出於恐懼、內疚或慚愧等，一旦我們明白了這點，便會發現人與人之間是相互依存的，唯有同時滿足自己和他人的需求，才能快樂！然而生活中的我們，因為不想看到對方失望的表情，總害怕說出「不行」這類拒絕性的話。為了不傷害別人，做「情感的奴隸」去迎合對方，以獲得一段愜意、融洽和美好的關係。但這只是暫時的，終有一天你會無法承受，屆時，你不僅會為對方帶來無盡的悲痛，還會令彼此間的情感難以繼續。所以，拋開思想上的束縛，讓一切從自己的感受和需求出發，做情感的主人吧！

愛的練習題

1. 面對他人的懇求，你通常會如何選擇呢？
2. 你認為在現實生活中，怎樣才能翻身做情感的主人呢？

感受沒有對錯，也沒有優先順序

感受沒什麼先來後到，只要你能引導對方，他就會站在你這邊！

對於同一件事，不同的人會產生不同的感受，其實事件沒有變，只是每個人的需求各不相同罷了。因受環境和成長經歷的影響，人們看問題的角度和方式會有所落差，我們往往會只關注自己重視的那部分，從而直接忽視內心其他的感受，以致在溝通時出現了分歧。殊不知，感受可沒有先來後到之分，只要你能將對方導向自己的需求，那麼你想表達的自然也能引起他的注意。

例如：清晨起床，外面大雪紛飛。這時，老婆忍不住說：「這場雪下得真美，真是讓人身心愉悅！」但老公卻不這麼認為，於是他說：「美是美，可今天的路面肯定會很滑，而且還會塞車，搞不好上班會遲到呢。」老婆聽後，覺得很有道理，也開始擔心起來：「那趕緊出發吧，不然遲到就糟糕了！」

由此可見，人們的感受並非是一成不變的，它其實是可以被引導的。

文琴剛升遷不久，每天都要處理一大堆事。這天，老員工劉明亮突然闖進了她的辦公室，氣急敗壞地說道：「老大，那個新來的王國輝實在太過分了，您當初說這個案子由我來主導，他只負責協助我。可是今天跟客戶接洽時，他竟私自竄改了我的案子，還偷偷跟客戶簽了一份新合約，完全不把你我放在眼裡！」

其實，文琴之所以讓他們搭檔，是因為劉明亮雖過於死板，卻能守住底線，而王國輝又過於活躍，缺乏定性，他們一起合作，正好能在不超出底線的範圍內談成那筆業務。她早就料到劉明亮會暴跳如雷，便請他先坐下，然後微笑著說道：「是啊，王國輝就是太愛亂來了，不知最後的新合約有沒有超出公司的底線？」

劉明亮搖搖頭回答：「那倒沒有，因為我跟他強調了不下幾百遍，只要超出了這個範圍，那公司這一年就算是白忙了，一分錢都賺不到。」

文琴滿意地點點頭，說：「老劉，你做得非常好，守住了公司的利益！」她停頓了一下，繼續說：「但你有沒有想過，現在外面競爭這麼激烈，你不做的案子，別的公司都搶破頭想做。王國輝是做出了不少讓步，但他卻並沒有損害公司的利益啊，既沒虧本，又能拿下這個案子，何樂而不為呢？當然，這裡面少不了你監督的功勞！」文琴說完拍了拍劉明亮的肩膀，對他也表示了認可。

聽完她的一席話，劉明亮已怒氣全消，突然覺得幸虧有王國輝在，不然這案子肯定會被其他公司搶走。想到這裡，他便離開了辦公室，去向王國輝道謝。

不得不說，文琴的確是個聰明的主管，面對憤怒不已的劉明亮，她既沒有點破他想以大欺小，也沒有直接批評他的食古不化，而是將他渴望成交的需求，引導到了監督有方這點上，從而使他接受了自己的意見。其實，人與人之間的矛盾，大多都來自雙方的需求不同，只要我們能學會有技巧的引導，同時滿足自己和他人的需求，便不再是件難事，感情也自然會隨之變得親密。

要做到這一點，我們首先得重視表達自己的感受和需求，這不僅能令他人明白我們的立場，更能讓自己明確引導對方的方向，否則，你連自己的感受是什麼都不知道，又怎麼可能拉別人站到自己的立場上呢！那如何才能正確表達自己的感受呢？這就需要你在日常生活中多關注自己和周圍的人了。

心情大好的劉明亮下班回家後，看見大兒子和小兒子正在哭鬧，以前，他定會想辦法逃避，直接丟給老婆處理，但今天他突然興致大發，決定自己解決。只見他走到兩個兒子面前，溫柔地問道：「怎麼了，我的小寶貝們？」

「爸爸，哥哥搶了我的玩具，嗚嗚嗚……」小兒子邊說邊傷心的大哭起來。

「不是的，爸爸，你不要聽弟弟亂說！這玩具本來就是我的，弟弟一直不還給我，我才從他手裡搶回來的！」大兒子也毫不示弱，理直氣壯地說道。

劉明亮抱著兩個兒子，彷彿看到了今天工作中的自己，於是，他柔聲地詢問大兒子：「弟弟沒有還你玩具，你覺得很生氣對不對？」大兒子點了點頭。

劉明亮繼續問：「其實你並不想玩，只是氣弟弟沒還你？」大兒子又點了點頭。見大兒子承認了，他說：「那如果弟弟向你道歉，你能讓弟弟再玩一下嗎？」

大兒子重重地點了點頭，回答：「當然可以，我想要的就是這個！」這時，劉明亮看著小兒子說：「你現在是不是該說點什麼啊？」小兒子立刻心領神會，對哥哥說道：「哥哥，對不起，我拿你的玩具玩了這麼久，應該先徵求你的同意，不應該一直霸占著它！你能原諒我嗎？」

「我已經原諒你了，你可以繼續玩我的玩具了。」哥哥開心地回答。

人是一種自私的動物，很多時候，我們都只顧著自己的感受，從而忽略了別人的需求，更有甚者還會奢求對方跟我們同仇敵愾，這只會讓溝通陷入瓶頸，或令事情變得越來越糟糕。對此，我們與其暴力地要求，不如先了解對方的感受，再將自己的需求往他的方向靠攏，這樣能事半功倍。

但是，人在不理智的情況下，言行往往會隨著情緒的波動而變得不可理喻，這時，我們需要保持冷靜，並在疏導自己情緒及感受的同時，用耐心和智慧來增加了解，以達到掌握對方感受和需求的目的。唯有如此，我們才能引起他人的重視，令他先入為主的感受為自己「讓路」，進而使一切都回歸到美好的軌道上。

愛的練習題

1. 在生活中，你覺得跟自己感同身受的人多嗎？
2. 當別人有不同感受時，你通常會怎麼做呢？為什麼？

表達情緒，其實比你想像的更難

也許表達感受並不難，但要清楚、準確地表達卻絕非易事！

在不少人看來，表達感受是件很簡單的事，殊不知，要清楚、準確地表達出來卻並非易事。人的感情是非常脆弱的，一旦受傷便很難癒合，即便傷口早已結痂，也會時不時隱隱作痛，正因為如此，它才需要我們悉心地呵護。而在維繫感情的過程中，表達內心的感受又尤為重要，你若說不清自己到底是痛苦還是快樂，那麼，別人就無法知道自己是否傷了你的感情，令你不開心了。

大學的男生宿舍裡，阿翔、小新、小劉正在打撲克牌，玩得不亦樂乎！這三位雖然性格、家境都各不相同，卻在四年的大學生涯結下了深厚的友誼。畢業後，阿翔進了老爸的公司當小老闆；小新則去了家外商公司，當上了上班族；只有小劉最倒楣，屢屢面試碰壁，只能做個店員。關係甚好的他們，依然還保持著聯絡。

這三個人聚會總是輪流買單，不過今天阿翔卻主動邀約：「各位，今晚出來聚聚啊，雖然上次是我買的單，但這回還是我請客，我今天太爽了！」

晚上，大家如約而至，只見阿翔以主人的身分說：「都別客氣，我有錢，想吃什麼你們隨便點，千萬別跟我客氣！」三人很快便點好了餐、叫了酒，開始「大吃大喝」起來。

酒過三巡，阿翔得意地說：「知道我今天為什麼請你們吃飯嗎？因為我老爸誇我，我完成了一個大案子，幫公司賺了不少錢！」

小新聽後，也春風得意的報喜：「我最近工作也挺順利的，如果沒意外的話，應該今年年底我就會升遷加薪了！」說著，二人為自己的事業乾了一杯。

此時，小劉如悶葫蘆般不發一語，像個配角坐在那一杯一杯地喝著酒。

轉眼間，餐廳就要打烊了，服務生見他們三人還在吃著、喝著，便走過來請他們先買單。阿翔配合地起身準備結帳，卻突然發現自己忘了帶錢包。

小新見狀說：「你說今天你買單，所以我沒帶什麼錢出來。」

說著便將口袋裡的五百多塊拿了出來。二人相互對望了一眼，便把目光都轉向了小劉。

「小劉，今天就看你的了，否則我們都得留在這洗碗了。」阿翔說道。說來也巧，小劉今天正好借了幾千塊準備交房租，但這筆錢若是買了單，那他下個月可就得頓頓啃麵包了！於是他說：「我覺得可以這樣，你們……」

還沒等小劉把話說完，阿翔便打斷了他：「大男人拖拖拉拉幹嘛，這次你先付，下次我多請你們幾次不就好了。趕快結帳，我們要回家睡覺了！」

鬱悶的小劉本還想說點什麼，但眼看那兩位已經喝得有點迷糊了，便硬生生地將那些話給吞了回去。買單後剩下的錢，他還幫兩人各叫了一臺計程車，送他們回家。

「您撥打的電話暫時無人接聽，請稍後再撥，嘟嘟……」事後一星期，阿翔和小新本來想打電話給小劉約聚餐，結果卻只聽到這句話。起初，他們以為小劉可能是出差了，但後來，任他們再怎麼找小劉，小劉再也沒有回過他們電話。

生活中，類似於小劉這樣的人不在少數，其實他們並不是小氣，而是覺得自己的情感受到了傷害，但追根究柢，還是因為他沒表達清楚自己的感受。倘若他能不顧干擾，說完自己想說的話；或在劉翔打斷後，直接告訴他們：「我很樂意能先幫你墊，記得之後讓我報帳啊，最近工作不順，窮死了！」想必後面的事也就不會發生了，他們依然能像曾經那樣，有事沒事都出來聚一聚。

多數人都想表達自己的感受，卻因為各種原因無法做到，尤其是在面對自己的親朋好友時，有時是礙於面子而羞於說出內心的感受，有時是為了迎合對方而表達著「偽感受」；有時，我們甚至會拒絕別人了解自己內心的感受，從而避免自己被誤解、被傷害。在這些因素的影響下，我們的溝通勢必會遇到阻礙，那怎樣才能使其變得順暢呢？很簡單，只需好好表達你的感受。

建立豐富的詞彙庫

說起語言，自然離不開詞彙了。在表達感受時，切忌使用「很好」、「普通」、「還不錯」這類模稜兩可的詞語，讓對方只能靠猜測去確定，而應當用那些更加清晰、更加具體的詞彙。例如：得到滿足時說這些詞：幸福、感動、陶醉、溫暖、感激等；得不到滿足時的詞彙有：鬱悶、妒忌、憂傷、著急、擔心、厭煩……

改變固有的語言習慣

不少人之所以表達不出感受，往往是已經習慣了固有的語言模式，如我們常將這句話掛在嘴邊：「我覺得你對我一點都不好」，這只說出了你對他人不滿的原因，而並非是你內心的感受。若你能這樣表達，效果肯定會好很多：「我覺得你對我一點都不好，但我卻那麼在乎你，這讓我非常難過！」這樣別人才能知道他的某些舉止傷害了你，進而採取行動停止這種傷害，使關係變得融洽。

探尋他人的需求和感受

最後，我們還得用心探尋他人的需求和感受，畢竟溝通的目的是為了達到雙贏，若只有你得到了滿足，這次交談同樣是失敗的。就好比一座天平，你若只顧自己而不管別人，另一邊遲早會因「不堪重負」而被壓垮。要知道，情感從不是一個人的事，它需要彼此共同努力才能完成，對方的感受同樣重要。

愛的練習題

1. 除上述詞彙外，還有哪些能表達你的感受呢？
2. 你覺得自己能清楚、準確地表達出自己的感受嗎？為什麼？

第六章
真正的溝通，從傾聽開始

溝通，其實就是一個蒐集、整理資訊的過程，成功的溝通不僅僅是滿足自己的需求，還要滿足對方內心的需求，唯有如此，才能達到互相理解、相互幫助的最終目的。所以，千萬不要一味地訴說，而應當多聽少說，用心去聆聽他人的內心，體會對方的感受和需求，繼而讓對方願意溝通，讓我們從中找到更多有利的資訊，這樣，我們才能知道對方的需求，順利地完成這次的溝通。

傾聽，也是愛的一種表達方式

溝通時，與其高談闊論引人矚目，不如用全神貫注地傾聽來暖人心！

現代社會，有著前所未有的開放，人們可以透過不同的媒介，對社會百態、時事民生各抒己見，正因為如此，我們的思想和觀念也愈發個性鮮明。不可否認，這有讓我們有機會表達自我，可有時，我們也會不自覺地將各種「指點江山」的言論，習慣性地帶到人際關係中，從而導致了我們溝通中的各種不順暢。

這種人有些什麼特點呢？他們在和別人談論問題時，往往只注重表達自己的意見，一旦對方有了不同的觀點，便會想方設法地打斷對方，並用自己的觀點說服他。殊不知，你連傾聽別人「聲音」的耐心都沒有，別人又怎會浪費時間去聽你的那些「高談闊論」？最後的結果只有一個：無法溝通，只能不歡而散。

筱瑜活潑外向，美靜從容細膩，性格互補的兩人很快成了好閨密，但自從兩人一起進了保險公司後，原本處於同一起跑點上的她們，卻逐漸拉開了差距。

為什麼這麼說呢？因為美靜每個月的業績都非常出色，即使把她放在公司那些資深的業務經理之中，也絲毫不遜色；但反觀筱瑜，業績就相當普通了，甚至可以用慘淡來形容。這讓她很鬱悶，為什麼美靜在不聲不響間，就能談成那麼多筆業務，而自己每次都傾盡全力，卻怎麼也得不到相應的回報呢？

為了解開這個謎團，身為閨密的筱瑜，直接請美靜為她指點迷津。對此，美靜賣了一個關子：「小意思，想『偷師』可沒這麼容易！今天跟我一起去見個客戶吧，別嫌遠不去，我的祕訣就在其中哦，過了這個村就沒這個店了！」於是，兩個女孩一起去拜訪這位新客戶了 —— 一個 30 歲出頭的年輕媽媽。

一進門，美靜便直接讓筱瑜接手，筱瑜知道她是在考驗自己，便信心滿滿地開始了：「王女士，我們之前跟您聯絡過，不知道您對保險有哪些要求呢？」

「我的要求很簡單，就是想幫兒子買份保障，既有健康，又有財富。」

「對、對，我們忙了一輩子都是為了孩子，一定要幫他買份保障！」筱瑜一聽客戶的話，立刻打出了一張親情牌，隨後又繼續說，「根據您提的要求，我覺得這個方案很適合您。您看，健康這塊不但有住院、意外什麼的，大病、重疾這些也有保障……」筱瑜像怕客戶看不懂一樣，拚命地向她介紹。

筱瑜說了半天，看客戶根本不為所動，便又介紹了幾款儲蓄類的，在整個交談的過程中，她竭盡全力地為對方把每一條細則、每一筆帳目，都講得清清楚楚、明明白白的。但儘管如此，年輕的媽媽卻始終猶豫不決，既不說滿意，也不說哪裡不滿意，唯獨臉上的表情有所變化，從平和變成了煩躁不安。

眼看著能介紹的內容已經越來越少，氣氛漸漸地有些尷尬，此時，美靜暗示「有心無力」的筱瑜讓她來接手。美靜一上場，就刻意避開保險知識，而是問對方:「您的兒子已經3歲了，為什麼現在才想要買保險呢？」

年輕的媽媽一聽到這句話，立刻打開了自己的話匣子：「其實我們早就想買了，不過那時候沒多餘的錢，現在收入比較多了，所以想趕快幫兒子補上……」原來，這位媽媽之前沒上班，一直在家帶孩子，後來孩子上幼兒園，才回到職場。雖然她只是個普通的文職員工，老公也是普通的技術工人，但該給孩子的他們一定會給。

年輕的媽媽解釋完原因後，繼續說道：「雖然儲蓄類保險很好，但離兒子上學真正要用到錢的時候還早，而且，如果我們都好好的，現在的收入完全可以給他良好的教育，但若我們一旦倒下了，他只有儲蓄險，恐怕也不夠。」

聽到這些話，美靜說道：「那您希望兒子能得到什麼樣的保障呢？」於是年輕媽媽陳述了自己的需求：「我是希望趁自己和他爸還年輕，能給兒子多存點錢，以備今後的不時之需……」在她說話的過程中，美靜始終都在認真地聆聽，並且還時不時給出建議或詢問她的意見，整個談話十分愉快。最後，美靜根據她的要求，給出了兩個保險方案，她權衡再三後，選擇了涵蓋範圍最廣的保險。

從客戶家裡離開後，一直在旁邊「偷師」的筱瑜感受頗深，也從中領悟到了美靜成功的訣竅：不做直白的說話者，而要做一個暖心的傾聽者！

其實，我們也常犯筱瑜那樣的錯誤——自說自話，全然不給對方說話的機會。在與人交流時，我們常急於表達自己的觀點，抒發自己的意願，總試圖用自己的觀念和情感，影響甚至壓制對方，全然不顧對方的感受和需求，結果不是惹人煩，就是傷了對方的心。畢竟，誰都想要一吐為快，你若總霸占著「說」的位置，別人自然會失去傾訴的機會，那麼兩人的交流便失去了意義。

對此，有位名人曾說過：「若想讓身邊的人都厭倦你、輕視你，甚至對你退避三舍，最好的辦法就是絕不傾聽，只談論自己，如果他有不同意見，那麼，別等他說完，堅決地打斷他！」事實驗證了這句話的真假，當你不傾聽別人時，會在無形中散發出這樣的訊號：你沒我聰明，你也沒我的見解獨到，所以，你的意見可以被忽略！試問，如果你遇到這樣的人，會對他產生好感，並繼續往來嗎？

答案顯然是否定的，因為一旦我們的需求沒被滿足，便會下意識地選擇逃離，根本不可能傻傻地在那忍受折磨。可見，若想獲得一份真摯的情感，首先必須學會做個聽眾，尤其是當別人想傾訴自己的負面情緒時，我們更要用心傾聽，並適時回應，唯有如此，才能給予對方寬慰，讓他擺脫暫時的苦難。而你的傾聽，往往也能使自己收穫一筆財富：對方會將感激轉化為一份真摯的感情。

愛的練習題

1. 現實生活中的你，是傾聽者，還是傾訴者呢？
2. 當親友需要聽眾時，你通常會怎麼做？為什麼？

不用過多表情，但請保持專注

沒有人喜歡被忽視的感受，請關注正與你溝通的人！

有人會問：傾聽和關注有什麼關係？或者說：我已經認真聽了，這難道不是關注嗎？事實上，真正的傾聽不僅僅是用耳朵，還有我們的眼睛。眼睛是心靈之窗，倘若這扇窗沒有打開，就無法跟對方做到心靈相通，更達不到最佳的溝通效果。關注是一個過程，只有重視這個過程，才能讓別人感受到重視，才會願意溝通，哪怕你面無表情地看著對方，他也會覺得受到了尊重。

七年級生的張小丹迎來了她生命中的第二個孩子——一個小公主，正好和大兒子一起湊成了一個「好」字，這讓全家都沉浸在一片幸福甜蜜之中。然而，養孩子卻是一個「甜蜜的負擔」，大家歡笑過後，是這個家庭在時隔 4 年以後，再一次陷入了奶瓶、尿布、日夜顛倒的兵荒馬亂之中。

這天，一歲多的小女兒在吃飯時，不小心打翻了自己的小碗，不但潑得自己身上都是稀飯，還弄得地上也一片狼藉，看著女兒依舊笑嘻嘻的小臉，以及沾滿了飯還在不停揮舞的小手，張小丹的心頭湧上一陣無力感和煩悶感。沒時間感慨的她，迅速替女兒換了一身乾淨的衣服後，便趕緊收拾桌子和地面。

這時，大兒子亮亮回來了，他一進家就圍著媽媽，嘰嘰喳喳地說個沒完。

張小丹在擦桌子時，亮亮興奮地說：「媽媽，你看，我今天在幼兒園得到了『棒棒星』，因為毛毛蟲爬到了妮妮身上，是我幫她抓下來的，老師說我很勇敢，所以獎勵我！媽媽，妳是不是也覺得我很勇敢？」

張小丹在拖地時，亮亮說：「媽媽，老師要我們用茄子做一隻企鵝，我們家有茄子嗎？可是要怎麼才能把茄子做成企鵝呢？媽媽妳會做嗎？可不可以教我？」

張小丹在屋子裡忙得不可開交，亮亮也跟在媽媽身邊一直說個不停，忙到暈頭轉向的張小丹被亮亮吵得煩躁不已，雖然她非常想對亮亮大吼一聲別吵了，但理智阻止了她，並告訴她千萬不要這麼做，即使亮亮圍著張小丹轉來轉去，張小丹也始終在忙著自己手裡的事，對亮亮的問話一概「嗯、啊」的敷衍過去。

終於忙完了，張小丹鬆了口氣，這時她才發現，一開始還圍在自己身邊嘰嘰喳喳的亮亮，已經有好一會沒聽到他的聲音了，後來，她在兒子的房間找到了亮亮，看著亮亮獨自玩耍的落寞背影，想起自己剛才對亮亮的忽視，張小丹的心裡一陣自責：自己有多久沒有和孩子好好聊天了？在孩子說他的新朋友、他的煩惱、他的「勇敢事蹟」時，自己不是忙、就是累，即使在聽，也心不在焉。不能因為有了二寶就冷落了大寶，張小丹決定，今天要好好聽一聽亮亮的「故事」。

「寶貝，聽說你今天很勇敢，連毛毛蟲都不怕，簡直就像一個騎士哦！」

「當然啦！妮妮和老師都誇我很勇敢呢！」

「是嗎？那亮亮可不可以講整件事情的經過給媽媽聽呢？」

聽到媽媽對自己的事這麼感興趣，亮亮非常高興，繪聲繪影地講了起來，而張小丹也在兒子描述的過程中，不斷提出自己的問題：

「妮妮是誰啊？為什麼媽媽以前沒聽你提起過？是你的好朋友嗎？」

「那條毛毛蟲真的那麼醜嗎？居然能把妮妮給嚇哭？」

……

聊天的過程是愉快的，母子倆又恢復了以前的親密無間。

無論是孩童還是成年人，都渴望被重視、被尊重，尤其是溝通時的傾訴對象，他們往往比平時更想獲得關注，但我們有時卻很難做到這一點，為什麼？也許是因為我們每天接觸的資訊太多，無法靜下心來集中注意力。也許是因為我們早已暗自認定，這件事並不值得自己關注。又或者也許是源於人類天生而來的自私性……不管出於什麼理由，我們都應該改掉這一點，學會保持關注。

在一場交流中，傾訴者往往占據著主要位置，以致不少人忽略了傾聽者的重要性，如有些人在溝通時，雖然在行為上做到了傾聽，但思想和靈魂卻早已跑到了九霄雲外。殊不知，若我們的思維跟不上對方的節奏，就無法得知其內心的想法和需求，這很易引發不必要的誤會，對方也會逐漸失去溝通的欲望。

人天生喜歡以自我為中心，我們傾訴時每每都誇誇其談，而當別人傾訴時，由於身分發生了變化，我們會覺得失去了自己「表演」的舞臺，於是下意識地變得消極、怠慢，以致忽略了要保持關注。生活中，大部分人都是很好的傾訴者，卻鮮少有人能成為合格的傾聽者，但溝通是相互的，若我們不能讓別人感受到尊重，就無法獲得對方的信賴，便只能停留在泛泛而談的階段，不可能交心。

所以，在溝通時，即使你沒興趣、沒耐性，也要保持最起碼的關注。

愛的練習題

1. 你通常會用什麼方法讓別人知道，自己始終都在保持關注？
2. 在別人說話時，你通常是怎樣的心情？是希望他趕緊說完然後輪到你，還是會給對方足夠的時間去表達？

不能只聽不回應，溝通需要互動

聽進去、說出來，有「回應」的溝通才是完美的溝通！

從小到大，無論是老師還是家長，都在不斷地告訴我們：別人說話的時候不能插嘴。久而久之，這條鐵律已被我們視為最基本的交流禮儀，但是，在現代這個倡導廣泛交流的社會中，這句話恐怕有矯枉過正之嫌了，若我們只是死板地在聽，對方又怎麼知道我們是不是真的在聽，是不是真的對他說的東西有興趣呢？所以，在溝通時，我們不能光用耳朵不動嘴，而應當及時地給他人回饋。

人人都羨慕陶小樂嫁了一個好老公，公司裡設計部的總工程師，高級知識分子，既有風度翩翩的外表，又有沉穩含蓄的內在。可是陶小樂卻覺得老公「沉穩」過了頭，自己跟他說什麼事，他雖然聽到了耳朵裡，但總給人一種意興闌珊的感覺，知道卻不發表意見，了解卻提不起興趣，這種「熱臉貼冷屁股」的感覺，總讓陶小樂的心裡不那麼舒服，而壓垮駱駝的最後一根稻草，來源於陶小樂出現事業危機後的一次談話。

陶小樂跟老公在同一間公司上班，公司不久前發出了公告，決定對公司的會計部，也就是陶小樂所在的部門進行「裁員」，這一公告，讓整個會計部都人人自危，大家紛紛猜著自己能留下來的機會有多少，畢竟現在大環境不好，就業前景不景氣，雖然這家公司現在經濟拮据，但員工的待遇卻十分優厚。

陶小樂也心想：論年資，自己在這家公司只待了三四年，並不算久；論職責，也算不上要員，頂多是個主力，到底會不會把我給裁掉呢？

晚飯過後，陶小樂將老公從一堆圖紙中「挖」出來，決定問問這個高層的意見。陶小樂開門見山地對老公說：「老公，你怎麼看公司這次的裁員？」

「老公，你說我會不會被裁掉？你能不能去人事那邊打聽一下？」

「老公，現在會計部一團亂，人人自危，有關係的都去拜託了，你能不能也找總經理談一談，你是重要的主管，有分量，請他們不要裁我吧，即使我工作能力再普通，好歹也算是『職員家屬』，就不能照顧一下嗎？更何況我也不差啊！」

……

陶小樂如機關槍般的追問，和老公的平靜形成了鮮明對比，看老公一臉無動於衷，陶小樂的心裡不太舒服，臉也垮了下來：「你聽到我說甚麼了嗎？」

「嗯，裁員嘛，不用擔心！」說完，老公又跑去繼續看他的圖紙了。什麼？就這樣？沒下文了？面對老公的冷漠，陶小樂立刻「爆炸」了：「不知道你整天在想什麼，跟你說話也愛理不理的，不願意和我說話就永遠都別說！」說完，陶小樂一氣之下去了自己的閨密家。

而被晾在家裡的老公則一頭霧水：我已經用心地聽她說話

了，她為什麼還生氣？這樣的疑問，直到陶小樂的閨密打電話來，他才得到解答。她的閨密語重心長說：「溝通是雙向的，不能光用耳朵，還要動一動嘴巴。她說了半天，你都不回應，她怎麼可能知道你的想法，她又不是你肚子裡的蛔蟲！」

在別人說話時插嘴，是一種很不禮貌的行為，但這是指不等對方說完就打斷，然後自己接過話題再說的情況，對於表達自己的看法、詢問對方的意見這種「插嘴」，非但不會引起對方的不悅，還有利於彼此更好的交流。從這個角度來說，傳統禮儀中的不插嘴，其實改為「不隨便插嘴」更為合適。

經常會聽見有人說：你說就好，我真的在認真聽！如果你始終不發一語，對方往往也很難再說下去，因為他會覺得你其實「不想聽自己囉唆」。溝通不是「你演完再換我」的表演，當別人在傾訴時，你不僅僅是觀眾，更是同臺獻藝的演出者，你們之間需要提問、探討和協商，只有反覆不斷的交流回饋，才能保障溝通的順利進行，才能達到彼此的最終目的。

所謂「回饋」，其實就是傾聽者對傾訴者做出的回應行為，並用這種行為告訴傾訴者自己內心的想法，如「我理解了你說的話」、「沒錯，就是你說的那個樣子」、「也許，我們還需要進一步的溝通」等。只有這樣，才能達到良好的互動。對此，我們要懂得抓準時機，通常對方會用眼神提示，抑或在說完了一個小節後留出一段時間空隙，這時我們就可以表達自己的想法，給予對方回饋。

情緒化的傾聽，只會讓對話更難進行

任何聲音經過情緒的過濾，都會失去它原本的色彩！

人是情感動物，我們常常會用情緒定義一件事，或憤怒、或悲傷、或喜悅，可以說，情緒影響著我們的思想和行為方式。溝通更是如此，主動表達時，我們會帶著情緒去傾訴，而被動傾聽時，我們也會不自覺地用情緒先「加工」一遍，將對方的話改造成自己想像中的模樣，根本不管對方真正的立場以及想要表達的感受和需求。每每此時，我們都會在情緒的影響下，誤解或曲解對方的意圖。

劉家洋在一家大型貿易公司做市場行銷，從初入職場的菜鳥到能夠獨當一面的行銷人才，他最感謝的人，就是自己的頂頭上司方偉浩。他剛進公司時，就跟著方偉浩工作學習，而方偉浩對他也青睞有加，從不藏私，帶著他一路打拚。但此時，劉家洋有預感方偉浩這次找自己談話，不會是和風細雨的諄諄教導，因為他闖禍了。

靜悄悄的辦公室裡，方偉浩和劉家洋隔著辦公桌相對而坐，儘管方偉浩找劉家洋談話前已做好了心理建設，可是看著這個由自己一手帶出來的「徒弟」，還是一肚子火。因為在上個月，自己所帶的工作小組，因劉家洋工作上的失誤，被公司取消了所有人的獎金，而自己也因組長的身分，以管理不利的名義日常考核被扣分。

方偉浩雖然被劉家洋尊為前輩、師傅，但事實上，他並沒有比劉家洋大多少，正是上有老、下有小的時期，所以月月被扣獎金、扣薪資，心裡有著說不出的苦悶。可是在剛才的談話中，劉家洋似乎鐵了心地什麼都不說，這讓他更加地煩躁、氣憤。其實，劉家洋最近有明顯地改變，以前是朝氣蓬勃的一個年輕人，現在天天都像沒睡醒一樣；以前細緻、認真的劉家洋，現在居然連合約上的金額都可以打錯！

溝通進入了尷尬期，對峙在持續，沉默的氣氛給了方偉浩冷靜的空間：我剛才的說的話真是太糟糕了！我為什麼要一味地去指責他？即使再指責，被扣的錢也追不回來了。我是為了指責他才找他談話的嗎？明明是為了幫助他啊！他一定有什麼困難，也一定有不說的理由，可是我卻陷入了壞情緒中，讓劉家洋的情緒更加低落，更不能發洩出心中的苦悶。不行，我必須拋開情緒去傾聽。

於是，方偉浩決定換個方式與劉家洋交流。他先從即將到來的連假說起，談起了兩人曾一起去過的地方，最後還建議劉家洋將遠在其他縣市的父母接來這座城市旅遊。剛開始時，劉家洋還能和方偉浩聊一聊，但談到父母時卻沉默了，方偉浩似乎明白問題出在他父母的身上。於是，方偉浩將話題引到了父母的身上，劉家洋終於說出了自己的苦衷。

原來，劉家洋的母親生病了，一直在治療，雖然劉家洋一直拿錢回家，卻始終無法緩解對母親的擔心和思念之情，但劉家洋又不能放棄工作回家照顧老人，他陷入了兩難。後來，劉家洋考慮鄉下的醫療條件不好，想把母親接到自己所在的大城市治病，但是好醫院一床難求，雖然他三番兩次委託熟人、找關係，但母親依舊沒能入院，這讓劉家洋的心裡更不是滋味，這些嚴重影響了他的工作效率。而劉家洋將心中的苦悶都吐露出來後，也覺得心裡輕鬆了不少。

每個人都有情緒，而且還有好有壞，它們在豐富人層次的同時，也影響著我們的工作和生活。很多時候，壞情緒就像一種病毒，會透過人們之間的交流而彼此感染，倘若我們任由其蔓延，破壞我們的思想，毒害我們的心靈，堵上我們的耳朵，我們便無法冷靜地去思考，更無法感知別人內心的聲音。

壞情緒是我們情感的一部分，既無法壓抑，也不能抹殺。對此我們唯一能做的便是調整自己，不讓壞情緒有機可乘。具體而言，可以試試下面的方法：

及時地宣洩出來

壞情緒一定要及時宣洩出來，不然長期憋在心裡，終有一天會爆發，到那時，不但會傷到別人，更會害了自己。對此，我們可以適當地做點運動，如約幾個好朋友打場籃球或踢足球，或跟父母一起打場羽毛球；也可以關上房門，用枕頭猛打自己的某個玩偶，或和最好的朋友來一次「枕頭大賽」；還可以找個親朋有空閒的時間，把自己所有的委屈、不滿等都告訴他們……

試著寬慰自己

有時，我們的壞情緒來源於自身，如不管我們怎麼勤奮努力，都始終達不到自己預定的目標；即便我們向所有人表達友好，也無法擴大自己的交際圈；無論我們如何提升自己的信心，卻還是會不由自主地感到自卑……對於這些因素導致的負面情緒，我們要做的就是試著原諒自己、寬慰自己，如告訴自己成功只是時間的問題，只要我們能夠堅持不懈地繼續努力，就一定可以得償所願。

迅速轉移注意力

有些壞情緒如火山爆發般難以抑制，雖然我們很清楚，一旦自己發洩出來，勢必會造成無法挽回的局面，但又沒辦法控制住自己，這時我們要做的就是迅速轉移注意力，先讓自己抽離當下的那個情緒，再慢慢地令自己冷靜下來。對此，我們可以換一件事去做；也可以馬上離開當時的環境，出去透個氣再回來；也可以乾脆放下手裡的事，去做運動或聽音樂，放鬆自己的身心靈。

愛的練習題

1. 你會用自己的情緒去判斷對方的行為嗎？
2. 如果你想調節自己的情緒，通常會用什麼方法呢？

用心聆聽，才能找到對方眞正的需求

只有用心聆聽，我們才能找到別人內心真正的需求！

在與人溝通時，我們常常會把抒發自己的情緒、情感視為頭等大事，從而忽略了這場交談當中的另一個主體，以致溝通演變成了單方面的傾訴。殊不知，成功的溝通不僅僅是滿足自己的需求，還要滿足對方內心的需求，唯有如此，才能達到互相理解、相互幫助的終極目的。所以，千萬不要一味地訴說，請用心聆聽他人的內心，體會對方的感受和需求，否則，你將會成為別人厭惡的人。

李嚴和羽靜最近準備結束長達10年的愛情長跑，步入婚姻的殿堂了，本來應該是件高興的事情，可是卻因為一個人的反對，讓兩個家庭鬧到了不可開交的地步，這個持反對意見的人不是別人，正是羽靜的媽媽，而媽媽反對的理由，則是李嚴「配不上」羽靜。

李嚴是個道地的「草根菁英」，曾經的他一窮二白，是透過孜孜不倦的讀書和努力，才上了大學名校，並在校園結識了羽靜。而羽靜的家庭條件，在普通老百姓中，是中等居上的水準，父母經營的電子公司，讓羽靜從小過著優渥的生活。兩人的生長背景雖天差地遠，卻並不妨礙彼此互相欣賞。

小公主戀愛了，當父母的自然關心，但當他們發現對象是李嚴，尤其是在了解了李嚴的家庭背景後，父母便不同意了。

而媽媽更是從此開始了長達10年的各種妨礙。媽媽認為，李嚴之所以追求羽靜，不過是看上了她家裡有錢，他想藉著羽靜在大城市立足，並不是真的愛羽靜。面對媽媽的質疑，羽靜奮力反抗，認為媽媽太過勢利，侮辱了自己和李嚴的感情。

每每回到家，母女兩人都會為這個問題互不相容、爭論不休，久而久之，羽靜徹底放棄了和母親的溝通。直至有一天，羽靜回到家後，來自父母的狂風驟雨撲面而來，原來，羽靜和李嚴商量好了要結婚，於是先拍好了婚紗照，也通知了自己的朋友，而單單略過了羽靜的父母，這讓得知消息的父母大為光火。

媽媽聲淚俱下地對羽靜控訴道：「難道妳的父母連妳的朋友都不如了嗎？妳結婚的消息，我們居然要從妳的朋友那裡得知！」

羽靜也不甘示弱地回擊：「妳總是一再反對，有考慮過我的感受嗎？和妳說有用嗎？」

眼看著母女二人越吵越凶，羽靜爸爸只好出面，他先勸了羽靜：「妳做了這個家這麼久的女兒，難道感受不到我們的愛，妳覺得媽媽會害妳嗎？妳了解為人父母的心情和想法嗎？」而後，他又對媽媽說道：「我知道妳擔心的是什麼，但拋開家庭背景這些，其實李嚴這年輕人還不錯，妳覺得呢？」

「是的！這個我同意！」媽媽也冷靜了下來。

「妳反對羽靜和李嚴，無非就是怕李嚴騙羽靜的感情，貪戀我們家的錢財，那你覺得，他怎麼做才能讓妳消除顧慮呢？妳消除了顧慮，還會反對他們嗎？」

媽媽思考了片刻，說道：「感情本身就是賭博，這個要看他們自己。而在錢的方面，還是可以劃分清楚的。」

「妳的意思是讓他們做婚前財產協議？這樣就可以消除妳的疑慮，讓妳不再反對嗎？」

「嗯！」媽媽終於在這件事上做出了妥協。

而此時的羽靜，本來在爸爸說過那番話後就很羞愧了，現在，媽媽的妥協更讓她無地自容，原來，媽媽並不是對李嚴這個人有意見，而是希望有一天，若發生了令人遺憾的事，透過現在的努力可以讓自己在將來不至於人財兩失。

很多時候，我們常常會與外人把酒言歡，甚至交淺言深，但面對自己身邊最親的人，如伴侶、父母等，卻瞬間失去了溝通的能力，為什麼呢？因為有的父母最大的特點，就是打著「為你好」的旗幟，一意孤行地自說自話，從來沒有用心聆聽過孩子的心聲，也自然不會考慮他們所謂的這種「好」，在孩子的眼裡是否是真的好。也正因為如此，很多家庭中的親子關係漸漸變得越來越疏遠。

自說自話的父母必然會養出自說自話的孩子，這些孩子也有他們的通病，那便是常常會下意識忽略父母的意見。就像案例中的羽靜跟母親一樣，她們一個自以為是，一個越過父母去做自己的事，若不是父親及時站出來，讓她們彼此聽見了對方內心的需求，搞不好這樁婚事會變成母女倆心裡永遠抹不去的傷痛。其實，溝通就是在換位思考，在彼此交流的過程中，我們要多站在別人的角度去考慮問題，這樣才能深入體會對方的情感需求。與此同時，溝通也是一個蒐集、整理資訊的過程，只有多聽少說，引發對方的溝通欲望，我們才能從中找到更多有利的資訊，以幫助我們更快理解對方的需求，從而完成溝通。

請用心去聆聽吧，這樣才能理解對方的意圖和需求。

愛的練習題

1. 你會給別人留出多少獨自傾訴的時間？
2. 你覺得這些時間能夠讓你明白對方的深層心理需求嗎？

熱絡的氛圍，有助於更深入的傾聽

溝通的氣氛越熱烈，內心才會更活躍，才能讓傾聽更有效率！

很多時候，溝通都需要氛圍的烘托，即便是嚴肅、莊重，甚至悲傷的主題，也只有在熱烈的氣氛中，才能達到我們預期的效果，否則便是一場失敗的溝通。對此，我們都有過這樣的感受：若談話的氛圍過於沉悶，那麼傾聽者能接受到的資訊便十分有限，並且效率也非常低，雙方都無法進一步的交流。可見，唯有輕鬆、愉悅的氛圍之下，才能真正傾聽並且完成溝通。

那麼，如何才能讓溝通的氣氛變得熱烈呢？答案就是——幽默！

曉宇看上了美術系一位漂亮的女孩，但由於兩人平時沒什麼交集，一直不知道她的名字，更沒有機會與那位女孩搭訕、接觸，這讓他非常地苦惱。

這天，機會終於來了，曉宇看見那位女孩走進了一家牛肉麵館，他毫不遲疑地跟了進去。他走到那個女孩身邊，鼓足勇氣看著她，心臟狂跳。他想和女孩搭訕、問好，卻不知該說什麼，只好先問名字。經過一番準備後，他有點緊張地向這位女孩開口問說：「經常在學校看見妳，請問妳叫什麼名字？」

那位女孩很納悶地抬頭看著他，說：「我叫牛肉麵啊！」很顯然，女孩不想報上真名，一時間氣氛異常的尷尬，但曉宇並沒有氣餒，他紅著臉「噢」了一聲，立刻改口道：「那麼，我也給自己取個麵名吧，我就叫——陽春麵！」

聽完這話，女孩冷漠的臉上立刻露出燦爛的笑容。女孩這一笑，頓時緩和了氣氛，曉宇趁機說道：「我們都這麼喜歡吃麵，不如今天一起吃碗麵吧！」

就這樣，曉宇和這位女孩相識了。隨後的日子，曉宇經常找藉口來約女孩，而女孩也喜歡跟幽默的曉宇在一起，直到後來，「牛肉麵」變成了「陽春麵」的妻子。

從案例中，我們不難看出幽默的神奇效果，對於沉重、枯燥的溝通氛圍，唯有幽默才能扭轉乾坤，使談話變得生動有趣，從而加速溝通的進程。幽默是人際關係中不可缺少的潤滑劑，它能使人們的溝通更順利、更自然、更融洽，不僅如此，高尚的幽默還可以淡化矛盾，消除誤會，甚至是使不利的一方擺脫困境。

如何才能製造幽默，使溝通的氛圍變得熱烈呢？

偷換或轉移概念

這是指將概念的內涵暗暗地變換或者轉移。對此，概念偷換得越離譜、越隱蔽，內涵的差距就會越大，產生的幽默效果也就越強烈。通常人們在進行理性思考時，往往有一個基本的要求，那就是概念的含義要穩定，雙方討論的應該是同一件事或同一個事物，只是雙方在理解和運用上不同罷了。而偷換概念能使雙方的交談立足於不同的角度，以致達成不同的效果，從而產生幽默。

巧妙的借喻

人們常常不直接表述某種事物，或不直接說某事、某人的名稱，而是用其他相關的詞語、名稱來代替，也可以達到產生幽默的效果，用人或事物的特徵來借代本體，也是製造幽默的有效方式。但需要注意的是，借喻必須有一個前提：雙方都是當事人，都明白那個借體用來代替的事物是怎麼回事。若你將甲地的事放到乙地，由於對方不明就裡，那你的幽默便無法傳遞給對方，只能失敗。

以幽默來反擊

用幽默的語言和幽默的推理方式反擊，比直接還擊要含蓄得多。也正因為含蓄，才能把自己尖銳的意見包含在其中，而這些字眼又是從對方口中接過來以邏輯的方法回敬過去的，對方因此就無法再反擊，除了認錯，別無他法。回到幽默的要旨，就是要善於抓住對方一句話、一個比喻、一個結論，然後把它接過來去針對對方，通常是對方攻擊有多少分量，就還擊同等的分量，軟對軟，硬對硬。

隨機套用

這種方法是先有了幽默故事，然後再衍生出一個話題，使二者天衣無縫地結合。若想運用這種方式，我們就要提升自己套用這些範例的能力，以及自由轉換這些範例的能力，因為套用的唯一要求是天衣無縫。對此，掌握一些現成的幽默語言、軼事、故事後，我們不但要做到不為所制，更重要的是，還要懂得靈活、自由地套用它，以此來說明自己的觀點，從而解決自己所面臨的困境。

自相矛盾

自相矛盾帶給人們的幽默效果，立足點在語言學和邏輯學的交叉點上，言談符合邏輯法則，言語在正常的軌道上運行，既是人們能夠順利交流思想、也是實現彼此互動的基本條件，但其中並不存在半點幽默價值，而邏輯上的自相矛盾，卻能產生幽默的趣味。因為在自相矛盾的情況下，往往會言語失衡、邏輯錯位。邏輯上的阻塞、言語的傾斜，帶給了人們震驚，便孕育了幽默。

愛的練習題

1. 如果談話氣氛很低迷，你會有什麼樣的感覺？
2. 當別人給你建議時，你期望對方用什麼方式呢？幽默還是嚴肅？

傾聽能消除誤解，甚至緩解衝突

很多時候，施暴者需要的，僅僅只是一個認真的傾聽者而已！

每一個被人唾棄的殺人魔，難道都是天生的惡人嗎？其實未必！一個人的成長，離不開環境的影響，當這個人陷入負面情緒無法自拔時，親人或朋友，也許因各種理由，無法傾聽他內心的感情訴求，社會也沒有為他提供傾訴的空間，久而久之，他的負面情緒便會越累積越多，直到墜入了罪惡的深淵。換言之，即他們之所以會施暴，常常是因為沒人理解，以致內心的需求得不到滿足！

認識朱磊的人，都會為朱磊加一個「成功人士」的標籤，剛滿 35 歲的年紀，已經是一家上市公司的老闆了。但任誰也想不到，這樣一個畢業於名校，一個上市公司的老闆，中學時卻是個讓老師頭痛的「危險分子」，雖然他通常不輕易惹事，但只要闖了禍，就一定會動手，讓班導去訓導主任的辦公室裡喝茶！所以那時，班導康老師時時刻刻對朱磊步步緊盯，生怕他在外面惹事。

而朱磊，自然十分厭煩這樣被老師天天「監視」，但即便如此，他依舊會選擇惹是生非，因為只有自己在學校闖了禍被老師叫家長，他才能看見自己那雙神龍見首不見尾的父母，聽到他們哪怕是語氣不善的幾句嘮叨和責備。原來，朱磊的父母因為做生意，常年不在家，他的飲食起居一直都是阿姨在照料。

這天，學校又叫他的家長來了，但由於父母還在外地，來到學校的又是小阿姨，這讓朱磊心中充滿了憤懣：現在，他們已經無視自己到這種地步了嗎？連老師請他們都不來，那我上這個學還有什麼意義呢？小小年紀的朱磊還不會隱藏情緒，滿臉憤怒的表情，被站在身旁的康老師看得是一清二楚。

康老師很了解朱磊的家庭情況，他知道這種聚少離多的親子關係，會讓孩子飽受煎熬，覺得自己不被重視，他大膽地猜測，朱磊之所以會產生暴力傾向，搞不好就是因為受到了家庭環境的影響。為了證實自己的這一猜測，康老師決定找朱磊好好地談談心，從而解除他內心的暴力。師生的談話是從一個問題開始的：「朱磊，你說，如果大老闆的兒子被老師通知家長到校了，他會去嗎？」

聽完這話，朱磊忍不住笑了：「應該不會吧，大老闆那麼忙，哪有那時間！」

「哦……」康老師裝作恍然大悟的模樣，繼續說道，「那你爸媽是我見過的最忙的父母，他們居然和大老闆一樣，都忙到沒辦法參加孩子的家長會了。」

面對康老師的這番話，朱磊不由得苦笑道：「是啊，我爸媽就是這麼忙，忙到沒空管自己的兒子，在他們心裡，工作永遠都是第一位，我根本不重要！」

朱磊的這些話，顯然已經證實了康老師的猜測，於是，他試圖挖掘出朱磊內心深處的渴望：「看來，你對此非常不滿，不妨說給我聽聽，讓老師幫你！」

「我知道，他們如此努力地工作，全都是為了我，為了這個家，但每次看見別人的爸媽來接孩子，我的心裡就非常不舒服，還有每次在社交平臺上看見同學們貼與父母的幸福照，我就覺得自己像個沒人要的孤兒，沒有父母的疼愛……」

朱磊「控訴」完父母的「惡行」後，康老師說道：「原來，你的內心一直隱藏著這樣的傷痛，怪不得會經常感覺到憤怒。既然你需要父母的愛，為什麼不直接告訴他們這一點呢？要知道，用闖禍這種手段來體現存在感，終究不是長久之計！」

……

那一天的交談後，朱磊在康老師的幫助下，跟父母進行了一次深度溝通，父母承認自己忽視了朱磊的成長，並決定每星期都抽出一個固定的時間來陪他。就這樣，朱磊在父母遲來的關愛之下，漸漸除去了自己身上的戾氣，開始朝著「好學生」的方向發展，大學畢業後，他更是在父母的幫助下，取得了人生的輝煌！

在這個世界上，沒人天生就是壞人，他們之所以會走上邪惡的道路，大多是因為自己已被逼上了絕境，不得不用最原始的方法來捍衛自我。就像案例中的朱磊，他本該是個無憂無慮的中學生，卻因長期缺失父母的關愛，而不得不以在校園中進行暴力行為來引起父母的注意，雖然這種做法既愚蠢又幼稚，卻是他唯一能發洩內心不滿的手段，倘若父母能傾聽他的心聲，必能讓他收起這種暴力的溝通。

人生充滿了各種無奈，有時候我們不得不從事自己討厭的工作；不得不做違背自己原則的事；不得不參加那些自己絲毫不感興趣的飯局等等，這些都是隱藏在我們內心的「暴力種子」，只要累積到了一定的程度，便會「砰」的一聲炸掉所有希望。如果此時，有個人能認真傾聽我們內心的訴求，哪怕只是扮演「情緒垃圾桶」的角色，也能讓我們將困惑、悲傷、憤怒等負面情緒都宣洩出來。

這便是傾聽的神奇之處，它能預防潛在的暴力行為！傾聽者都有一雙神奇的耳朵，他不但能讓人將負面情緒傾倒而出，還可以抓住對方內心的感受和需求，從而避免一場不可挽回的災難。所以，在與人溝通時，請好好運用自己的耳朵，搞不好就因為你的認真傾聽，而阻止了一次嚴重傷害的事件！

愛的練習題

1. 對於大家公認的「壞人」，你是否會心存芥蒂？
2. 若溝通的一方有暴力傾向，你是否能做到平和的溝通？

他不是在拒絕你，而是在表達立場

要冷靜地進行思考，要考慮對方心裡的感受。

沒人喜歡被拒絕的滋味，當我們的請求被對方拒絕時，內心常常會覺得屈辱、不甘，甚至是受到了傷害等。殊不知，他們並不是真的拒絕我們，而是在傳遞一個很重要的資訊——他們內心的需求沒有得到滿足！與此同時，這也預示著在這次的溝通中，我們沒能體會對方內心的感受，繼而導致無法滿足對方的需求，於是，出於「禮尚往來」的原則，對方選擇了拒絕我們。

劉勇成家有兩間房子，一間自住，一間以低價租給了既是同事、又是好朋友的李明亮。再有一年，劉勇成的兒子就要上小學了，兩口子為了能讓孩子上個好學校，盤算著將租出去的那套房子收回來賣掉，然後用賣房的錢作為頭期款，再買一套熱門學區的房子。雖然這個想法很好，但礙於情面，誰都不好意思去找李明亮開這個口。

當初之所以把房子租給李明亮，一來是考慮熟人住自己能放心一點，二來是李明亮當時確實有困難，兩家關係不錯，就伸手幫一把。可是現在突然要收回房子，李明亮的心裡會怎麼想，他能理解嗎？會不會無理取鬧呢？儘管夫妻二人心中都惴惴不安，劉勇成還是決定要實施這個計畫，並打算今晚下班後去一趟，找李明亮聊聊。

簡單的寒暄過後，劉勇成便將賣房子的前因後果向李明亮做了說明，並且提出了自己的要求：「小亮，我沒有要趕你走的意思，只是現在家裡確實需要這間房子，實在是對不起！你不用立刻就搬，可以先找找房子，一個月的時間夠嗎？」

看著李明亮臉上有些為難的表情，劉勇成心想，他不會是不想還房子了吧？正當劉勇成分心時，李明亮突然開了口：「大哥，你別這麼說，這房子本來就是你的，你什麼時候收回去都是應該的，在我困難時你幫了我，我謝謝你還來不及呢！」

聽到李明亮如此爽快地答應，劉勇成那顆懸著的心總算放了下來，但接下來的幾天，劉勇成的心裡又不平靜了，因為李明亮一家似乎並沒有找房子的打算，每天依舊正常上下班，也沒聽他提起房子找的怎麼樣了。於是，劉勇成心想：要不要問一下呢？還是再等等看？最後，劉勇成決定相信自己的朋友，畢竟時間還早。

轉眼間，一個月的期限就到了，當劉勇成再次問李明亮房子的事時，李明亮卻改了口：「大哥，其實我還沒找到房子，有點不太好找，你再寬限我一個月吧！」

劉勇成聽到他這麼說，十分不高興，如此出爾反爾，難不成是想霸占這房子？想到這裡，他心裡不由得一驚，但這麼多年相處下來，他還是願意相信朋友，於是很快冷靜下來，問道：「你也別為難，有什麼困難你就直說，我們兄弟這麼熟了！」

李明亮思考了片刻，說道：「大哥，我也不瞞你，其實我早就想搬家了。你也知道，我們一直都想有自己的房子，我跟老婆存了這麼多年的錢，終於能付頭期款了，一個月前我們看中了一間，手續都辦完了，房主原本是打算出國的，可是簽證臨時出了問題，遲遲走不了，害得我們也搬不進去。那個屋主總說快了快了，我又不想讓你有別的想法，就想說沒幾天的事，還是別讓你煩惱了。」

聽了李明亮的這番話，劉勇成不禁為自己剛才的「小人之心」深感羞愧，也暗自慶幸在李明亮拒絕自己時，自己沒有盲目地指責他，而是積極尋找背後的原因。

每當我們聽到別人說「不」或保持沉默時，我們都會認為對方這是在拒絕自己，便會下意識地將事情往最壞的方面想，就像案例中的劉勇成一樣，別人還沒做出什麼出格的舉動，他的心裡就已經編排好了一出狗血倫理劇。一旦我們被這種拒絕的恐慌籠罩，往往很難靜下心來設身處地地為對方想一想，他們拒絕的理由是什麼，很多時候，人與人之間的矛盾與誤會就由此而生。

人的自私性與生俱來，我們總以為只要自己幫助了別人，當我們有求於他們時，他們必定要「滴水之恩當以湧泉以報」，若他們沒有這麼做，那就是忘恩負義。殊不知，溝通是一個雙向的過程，要想取得最後的成功，就不能凡事只站在自己的角度去考慮問題，雖然滿足自己的需求很重要，但體會對方的感受和需求也同樣重要。唯有達到雙贏的效果，我們才能算真正完成了這一次的溝通。

所以，當別人拒絕我們時，千萬別急著自怨自憐，也不要覺得自己受到了傷害，因為每個拒絕的背後，往往都隱藏著迫不得已的苦衷，我們不妨認真去傾聽對方的訴求，體會他人的感受和需求，從而找出對方不能答應我們請求的原因，先滿足了對方內心的需求，再讓對方來滿足我們的需求，便會容易得多。

愛的練習題

1. 當你遭遇拒絕時，是不是也會不自覺地往壞處想？
2. 對於別人的拒絕，你通常會怎樣調整自己的心態呢？

第七章
讓請求更具影響力，對方才願意接受

不少人認為，人與人之間的交往猶如彈簧，你強他（她）就弱，你弱他（她）就強，以致我們養成了命令他人的習慣。事實上，在溝通的過程中，強勢往往都沒什麼作用，當我們不尊重別人的感受，一味提出自己的需求時，通常都很難達成意願，因為沒人願意被強迫，也沒人願意去做自己不想做的事。所以，只有真誠地提出請求，才能讓對方感受到我們的真心。

真誠的請求，勝過冷漠的命令

真誠地去請求他人，不僅能讓溝通更順暢，也更利於滿足我們的需求。

大多數人認為，人與人的相處猶如彈簧，你強他（她）就弱，你弱他（她）就強，以致我們養成了強勢命令別人的習慣，並自認為這樣要求他人，能令他人無法拒絕，從而滿足自己內心的需求。不可否認，有些人或許會迫於某些原因服從，但他們的內心卻是排斥的、不情願的，這顯然會影響到彼此往後的感情。

「小瞳，妳設計的什麼東西？拿回去重做！真是毫無長進！」聽著上司的批評和指責，小瞳不敢說什麼，只能轉身準備資料，重新再做一遍。

「站住，去買10杯咖啡回來，分給昨天加班的同事們。」原來，打雜的小陳今天請假了，上司便吩咐小瞳去跑腿。

悶悶不樂的小瞳邊去買咖啡，心裡邊想：「我可是個設計師耶，這跑腿打雜的工作，怎麼輪到我去做呢？」她越想心裡越不是滋味，可是迫於上司的命令，也只有服從的份，她不敢頂撞上司，免得自己以後吃更大的虧。

抱著店員打包好的咖啡回到辦公室後，小瞳便往桌上一放，說道：

「昨天加班的同事們，咖啡買回來了……」小瞳正準備說讓他們自己過來拿，因為她還要重新設計一款圖樣，但她話還沒說完，資歷最老的老王就喊著：「大美女，麻煩妳給我一杯黑咖啡好嗎？我想睡得要命，得提提神！」小瞳無奈地遞給他。

接著小劉又說：「我要一杯卡布奇諾，忙死了，麻煩瞳姐幫我拿過來可以嗎？」小瞳忍了忍，不悅地把咖啡送過去給小劉。

隨後，最年輕的小麗甜甜地說：「瞳姐姐，我怕苦，如果有不苦的可以給我嗎？您要是忙的話，我自己過去拿也可以。」

小麗一大早就聽到上司對小瞳的設計自言自語：「底子還是滿不錯的，如果能再上進點就好了，培養培養也算是個人才吧！」所以，她知道上司可能就是想刺激一下小瞳，讓她上進，把設計做得更好、更完美罷了。

小瞳拿起手中的咖啡，用力地往桌上一放，說：「你們還有完沒完啊？我們都是設計師，你們憑什麼對我要求這、要求那的，我是打雜的嗎？」她邊說邊衝進了上司的辦公室，大聲地咆哮道：「我的設計你不滿意可以開除我，何必讓我這麼難堪，我已經受夠了，我不做了！」說著收拾東西就走了。

生活中，類似小瞳這樣的遭遇並不少見，倘若上司懂得真誠地請求小瞳，例如「以妳的能力，我認為可以設計出更優秀的樣式，你再回去好好想想」或是「我看妳今天也累了一天了，去喝杯咖啡放鬆一下心情，順便幫我帶點咖啡給昨天加班的同事，怎麼樣？」類似這樣的請求，不僅不會錯失一員「人才」，更能俘獲一顆忠誠追隨的心，不至於讓小瞳直接走人。

可見，冷酷的命令或要求，並不能帶來令人愉悅的結果，無數的事實也都在證明：無論是在生活，還是在工作中，真誠的請求才能促進彼此的溝通！

「小怡，妳能幫我一個忙嗎？」

「什麼事啊？你先說說看！」

「是這樣的，我小孩明天生日，我早就已經答應了會陪他去遊樂場，但明天我上的是日班，妳能跟我換一下，讓我明天上妳的夜班嗎？」

「要是平時我就答應妳了，但明天我跟男朋友約好了要去看家具……」

「這樣啊……我知道不該耽誤妳的事情，可是我剛來這裡上班，就只有跟妳微熟一點，別人我都不太認識，所以只能請妳幫這個忙。這幾年，我跟孩子他爸為了存錢買房子，都沒什麼陪孩子，現在稍微手頭鬆一點，才換了一份比較輕鬆的工作，想好好彌補一下孩子，滿足他一家人去遊樂場玩的心願……」

「這樣吧，我等會看看明天上夜班的還有誰，我來幫妳跟她們說換班的事！」

「好的，太謝謝妳了！」

當我們毫不尊重別人的感受，只一味提出自己的要求時，我們的意願往往是很難達成的，尤其是長期受到壓迫和指責的人，因為當我們與其溝通時，他們都會條件反射般地一律解讀為命令，繼而下意識地產生厭惡感，以致發自內心的不想配合。反之，若你一直都真誠地請求他人，對方會很樂意滿足你的需求。

每個人的忍受能力都是有限的，即便別人能容忍我們一兩次的冷酷要求，一旦命令的次數或要求觸碰到他們的底線，那麼隨之而來的，必將是一場腥風血雨般的「熱戰」。這時，就算我們再真誠的請求都於事無補，因為他們已經在自己的心底築起了一道牆，將我們攔截在外，根本就不給我們任何溝通的機會。

要想更愉快的交談，使自己的需求得到滿足，我們首先要學會的，就是用請求的方式說出自己的需求。這時，區分清楚請求與命令的差異至關重要，如不能用批評或指責的態度提出請求，不能利用「情感勒索」去命令他人，不能利用對方內疚的心來達到目的等。我們應當尊重他人，體會他人內心的感受，並跟隨這種感受來提出請求，從而達到溝通中的雙贏局面。

愛的練習題

1. 在工作和生活中，你是習慣於真誠地請求他人，還是冷酷地命令他人？
2. 你會把他人的請求當作是命令嗎？並因此覺得心裡不舒服？

別急著要求，先觀察對方的反應

了解對方的感受和想法，並盡可能地滿足它，才有可能達成你的請求！

現實生活中，隨處可見一言不合轉身就走的；意見不合拍手拆夥的；情誼不通互不來往的……這都是因沒了解對方反應就貿然提出請求而引發的矛盾。很多時候，我們總習慣站在自己的角度去溝通，從而急切地想讓對方滿足我們內心的需求，以致沒顧忌到對方的感受和想法，最終落得個一拍兩散的下場。

小莉是個「網購達人」，生活中的所需品全都來自網路購物。

這不，小莉又「剁手」了一件她鍾愛已久的外套。收到貨後，除了袖口有點脫線外，其他的她都非常滿意，但一件新買的衣服有瑕疵，心裡總是不太舒服。於是，她找客服理論：「嗨，衣服袖口脫線了，你們要怎麼處理？」

這要是換成別家客服，一定會直接說：「那妳退貨重新下單一件。」這間網路商店的客服林薇薇卻並沒有這樣做，她從字裡行間發現小莉的語氣似乎沒有憤怒，若退回來重新出貨，來回的運費都得自己掏，不划算，她問道：「不好意思，您想怎麼處理呢？除了脫線外，對我們的衣服是否滿意呢？」

小莉如實回答：「其他都滿意，就是袖子脫線讓我覺得有點不開心！」

面對小莉的回答，林薇薇立刻意識到對方並沒有退貨的想法，只是剛買回來的新衣服有問題，心裡不怎麼痛快罷了，補貼一些縫補費用搞不好能讓她心裡舒服點，這件事也就能圓滿解決。這在林薇薇的授權範圍內，所以她立刻問：「實在是抱歉，這都是我們的疏忽，不然我退妳一點修補費可以嗎？」

小莉回答道：「可以是可以，但不知道你們能退多少錢呢？」林薇薇想了想，回答道：「請問補償您 50 元修補費可以嗎？」

小莉一聽，心想這已經夠我去縫補了，其實自己縫一下也可以。於是她爽快地回答：「可以！麻煩你幫我退款吧，謝謝！」

緊接著，在小莉滿意的情況下，林薇薇幫她進行了退款，並說：「可以麻煩收貨後，給我們一個五星好評嗎？小本生意不容易啊！」

小莉覺得衣服的確不錯，問題也得到了解決，爽快地說：「好的！」林薇薇一看這個回覆，感激地說：「謝謝您的支持！祝您生活愉快！」

林薇薇是個溝通的高手，她沒有按照慣例來處理小莉的問題，而是先了解她的反應，再一步步滿足她的需求。可見，摸清楚對方的感受和想法，對於能否達成自己的請求至關重要。所以，凡事都不要想當然的去下判斷，也許別人並不是我們想的那樣，他們需要的可能另有玄機，更切忌在別人沒說清楚想法之前，盲目地下結論、提要求，那樣很容易引發對方的反感，從而遭到拒絕。

王偉誠是一家公司的區域經理，他手頭有個客戶的合約馬上到期了，由於合作多年，所以他直接將往年的合約影印了一份，準備直接拿去讓客戶續簽。

「劉總，這是續簽合約，跟往年一樣，您簽了我立刻替你補齊後面的貨。」王偉誠笑嘻嘻地說完，便把已經印好的合約遞給了劉總。

然而，劉總臉上卻閃過一絲不悅的表情，說道：「就放那裡吧，我現在有點忙，稍後簽好了，我讓祕書送到你們公司去。」說完，便一副要送客的架勢。

「好，那我就不打擾您了。」王偉誠沒覺得有什麼不妥，於是說完便離開了。

只不過，剛剛劉總那一秒不悅的表情，卻被站在門口的競爭對手小李捕捉到了。隨後，小李敲響了劉總辦公室的門：「劉總，您好！我是 ×× 公司的業務小李，這是我們公司剛推出的新產品，您看看怎麼樣？」

劉總接過新品，研究了一會，說：「效能各方面還不錯，售後情況怎麼樣呢？」

透過這句簡單的回答，小李知道了劉總最關心的就是售後服務，於是，他決定從這方面入手，打開這筆訂單的大門。「售後您放心，只要是產品品質的問題，我們會全部召回，並且還會有超過百分之三十的額外賠償。這是我擬定的電子版合約和訂單，您可以看看，裡面對於售後服務這一項，有著非常詳細地記錄。」

劉總看完合約後，滿意地點了點頭。小李趕緊說：「如果您覺得滿意的話，不妨現在就把合約簽了，我這邊再多配一些贈品給您，如何？」

隨後，劉總叫來祕書印了合約，當場就簽了字。

有句成語叫「投石問路」，若將這一成語運用到溝通上，便正是要先了解對方的反應，因為只有這樣，我們才能試探出對方內心的需求，進而找到完成溝通的突破口，最終實現雙贏的局面。

具體而言，我們應當從以下這幾個方面入手，來了解對方的反應：

對方當下的感受

所謂「當下」，是指對方此時此刻的感受，因為在溝通的過程中，感受會隨著交流的程度而不斷變化，唯有得知當下的感受，才能準確判斷對方的反應。對此，我們可以問：「你現在的心情怎麼樣？」並進一步追問「為什麼」。

對方的想法

想法最能體現人的反應，對此，我們必須說清楚想了解對方哪方面的想法，這有助於我們得到自己所需要的回應。例如，我們想知道對方對建議的看法，便可以說：你覺得我的建議可行嗎？如果不可行，哪些因素會妨礙它的進行呢？

對方是否接受請求

通常，這是我們溝通的最終目的，所以在交流時一定要謹慎，切不可使用要求和命令的語氣，或是讓對方感覺不舒服的語言。

愛的練習題

1. 在跟別人聊天時，你會先了解對方的反應嗎？
2. 在朋友無視你感受的情況下提出請求，你會同意嗎？

含糊不清的請求，只會變成暗示

沒有明確目的的溝通，即便氛圍再融洽，也注定了會以失敗告終！

溝通是有意識的一種語言交際活動，人們從八卦、閒話家常到演講、辯論，再到談判、商談等，無不是為了達到某種目的，如引起他人的關注和興趣；取得對方的了解和信任；說服或勸告他人等，倘若我們在溝通的過程中，沒有表明這些目的，那麼即便談話的氛圍再怎麼融洽，也注定了會是一次失敗的溝通。

「各位同事們好，本月例會正式開始，首先由各位店長上臺一一彙報本月各店的基本情況。」這一報告就是 3 個小時，整個會議也就 5 個小時而已。

「我是 ×× 分店的店長，本月銷量是 ××……」一個個店長猶如背書般，機械似的彙報著自己門市的工作。輪到第三個店長例行彙報時，新來的業務部羅經理實在聽不下去了：「各位，抱歉，容我打斷一下。我想問一下大家知道會議的目的嗎？」

「共同學習，提升門市銷量！」大家齊聲喊道。

羅經理疑惑地說：「可是我完全聽不到任何學習和分享的案例，難道你們都聽到了？」隨後，他指著第一個彙報的店長問：「你們店一個月銷售 32 萬，什麼單品是最暢銷的？為什麼賣得好？你們是怎麼推薦的？為什麼不跟大家分享一下這些？」緊接著，他又跟第二和第三個彙報的店長說道：「你們也是一樣，銷售方式不同，門市不同，暢銷品不同，銷售方法肯定也不同，這些都是可以分享的。」

「下面，我給大家二十分鐘時間，你們都重新整理一下，一定要清楚我們的目的！請大家整理好後，針對重點做分享好嗎？」羅經理無奈地說。

於是，大家都抓緊時間整理自己的月報，不時地用筆在本子上圈圈點點。

接下來，第四個店長上臺分享時說：「我們店當季的驅蚊產品是銷售冠軍，因為我要求店員勤勞點，見人就問一句『現在這個大熱天，蚊子又多又毒，您家有備齊驅蚊的東西嗎？我們店現在買有活動……』並且從不讓這類產品斷貨。」

說到這裡，羅經理第一個鼓起了掌，然後說道：「我們之所以每月做彙報，就是要彼此分享經驗，並指出不足，一起進步。大家聽完他的分享有何感想？」

6店的店長積極地說：「我覺得只靠店員們宣傳，有點單一，如果能印刷一些海報，或樹立一塊廣告牌在店門口，搞不好驅蚊產品的銷量還能再上升！」

聽完這話，羅經理滿意地點點頭，說道：「非常好，希望大家以後都能這樣參加月會。我相信，只要我們互相學習，下個月每個人都會有滿滿的收穫！」

也許有人會質疑：溝通難道就是為了達到某種目的嗎？答案是肯定的！因為即便是看似漫無目的的閒聊，也是為了拉近彼此之間的距離。所以，在與人交流的過程中，我們一定要弄清楚自己「為什麼要說」，即清楚自己這一次溝通的目的，唯有如此，我們才能節省時間和精力，實現交流背後的目的。

生活中就有很多瑣碎的案例，如妻子抱怨道：「你整天不知道在幹嘛，沒上班，衣服沒有洗，地也沒有拖，孩子也不管，你……」通常，話還沒說完，老公就會不耐煩地回擊：「妳到底想怎麼樣？」為什麼會這樣？因為妻子說了半天，都沒有說出自己的目的，而是一味地在發牢騷，丈夫自然會煩躁。

那麼，怎樣才能在溝通中表明自己的目的呢？不妨從以下幾點入手：

善於察言觀色

所謂「話不投機半句多」，在溝通時，我們要有強烈的對象意識，並且還要學會因人而異，根據不同人的特徵來區別對待。這就需要我們善於察言觀色，時刻注意對方的表情和反應，隨時推測對方的心理狀態，從而大致估算出對方對自己的接受程度，以便及時調整談話的內容和方式，達成溝通的目的。

提前做些準備

在溝通的過程中，往往還會出現一些意外，以致於打亂了我們原本的計畫，從而使得目的漸漸模糊化。對此，我們大可以提前做些準備，如預想自己會遇到哪些難題，以及如何才能及時地解決它們等等，這也有助於我們達到目的。

千萬別亂拍馬屁

有些人認為，帶著目的去與人溝通，就是曲意逢迎、拍馬屁、順著情境說好話等。這種想法大錯特錯，兩者有著本質上的區別，因為這裡所指的理清目的，不是為了達到目的不擇手段，而是運用溝通技巧達成最後的雙贏。

愛的練習題

1. 在與人溝通時，你能清楚表達自己談話的目的嗎？
2. 如果別人半天都說不到重點，你通常會怎麼做呢？

請求越具體，對方越容易回應

抽象或模糊的語言，常常會阻礙彼此之間的深入了解。

在溝通的過程中，常常有人因無法提出具體的請求，而使對方會錯意，以致造成不必要的摩擦。例如，女生說：「你一天到晚忙工作這麼枯燥，能不能抽出點時間做些其他事啊？」於是男生下班後就找朋友們聚餐、上酒吧。豈料，女生卻因此變得更生氣了，因為她的本意是希望男朋友下班後陪她去看電影。

類似這樣的衝突，在現實生活中比比皆是。

小莉是業務部的小組長，她的小組經常完不成業績，她為此非常沮喪。

今天一大早，小莉便照常召集組員們開晨會，拖了半個小時人才到齊。

「這禮拜的標準比較高，有20萬，所以我希望大家多多努力，盡量完成任務。我知道難度很高，但只要大家努力，一切皆有可能……」小莉熱血沸揚地進行著演說，隨後又抱怨道：「每次開組長會議我都被罵，麻煩大家提升銷售額，不然的話，我都沒臉去開小組會議了！」說完這些，當天的晨會便結束了。

晨會過後，大家都怨聲載道，小趙小聲地說：「這會開得我一頭霧水！」

小王也低聲說道：「對啊，這禮拜標準這麼高，肯定沒辦法達成！」這時，小陳籍機走過來，小聲說道：「上個禮拜 12 萬的任務，我一個人賣了 4 萬多，雖然小組最後還是沒能完成任務，但我已經很賣力了，她憑什麼來責怪我！」

「就是啊，我已經徹底迷茫了，上頭只知道怪我們賣得不好，好像她沒責任一樣，要是她能把任務細分到每個人的頭上，看誰還敢偷懶不工作！」

……

大家交頭接耳地小聲議論著。

果不其然，一個禮拜過去後，小組的目標還差一大截沒完成。

在溝通的過程中，抽象或模糊的語言，常常會阻礙雙方的深度了解，就像案例中的小莉一樣，達成目標只是一句籠統的話，食記的操作方法才是組員們需要的溝通，由於她拙劣的溝通技巧，使得整個小組猶如一盤散沙，大家有力卻不知該用在哪裡，最後導致組員們都不願與她溝通，只在背地裡互相指責。

可見，我們提出的請求越具體，往往就越容易達到最終的目的。

小林也是某公司業務部的小組長，他跟組員們的溝通就有技巧得多。

「請大家立刻集合，要開晨會了！」組員小劉對著大家喊道。

所有人到齊後，小林說道：「各位同事早安！我跟大家說一下這週的工作重點。首先，我們這週的目標任務是 20 萬，也就是每個人要 4 萬。

如何去完成這個指標呢？今天店裡推出了特賣款，原價 6,980 元，僅限今日特價 3,800 元，大家今天可以主推這款產品，只要賣出十幾件，這週的目標就完成了。」

小林接著說：「非常好！接下來，我們還要做一些準備工作。小葉，會議結束後，把客戶服務追蹤本拿出來，電話邀約有意向的客戶到店裡來。」

「收到，馬上執行！」小葉清楚了自己要做的事，趕緊回應。

「小劉，你負責重點產品陳列；小陳，你協助小劉；王俊德，你上來再跟大家把這款的賣點總結成三句話，讓大家都記下來，以便向顧客推薦……」

緊接著，王俊德向大家說出了自己總結的產品賣點：「活動款的賣點是：第一技術先進；第二使用簡單；第三……」簡單清楚且實用，大家很快便記住了。

「大家都清楚自己的工作內容嗎？」小林再次向組員們確認

工作。「非常清楚！一定完成任務！」大家信心滿滿的回答。

一週後，小林統計所有產品共銷售了30幾萬元，又一次超額完成了任務！

從小林的案例中，我們不難看出具體請求的獨特魅力，他細緻地將每項工作分配到了每個人的手裡，正因為如此地詳盡和具體，組員們才知道如何配合他的工作，從而滿足了他內心的需求。所以，當我們向別人提出請求時，一定要盡量地詳盡和具體，即明確告訴對方希望他（她）做些什麼，或直接請求對方按照自己的指示去做。唯有這樣，別人才知道該怎麼行動，以完成我們的請求。

實際上，具體的請求能給予人強烈的代入感，這能促使對方放鬆心裡的那道防線，於無形中增加了對方的接受度。反之，若我們的請求過於抽象，還會導致請求的目的含糊不清，進而讓對方感到困惑或產生歧義，甚至會因誤解而衍生反感，很顯然，無論是其中的哪種情況，都會直接影響我們之間的交流。

因此，在與人溝通的過程中，若有求於他人，無論是工作上，還是生活中，我們都應該提出具體的請求，明確地告訴對方自己期待什麼、需要什麼，或希望對方怎樣去做，這不僅能節約時間和精力，還可以打消對方的疑惑和顧慮，使得彼此間的溝通簡單清楚。

愛的練習題

1. 當遇到含糊不清的請求時，你通常會如何處理？
2. 在溝通時，你善於說出具體的請求嗎？

沒有回應，溝通就不算完成

沒有回饋的溝通是不完整的，否則就是在自說自話、自娛自樂！

溝通時，有些人在所謂「技巧」的指導下，拚了命地想掌握話語的主導權，以致忽略了及時回饋的重要性。殊不知，沒有回饋的溝通是不完整的，不過是在自說自話、自娛自樂罷了，因為溝通是一個相互理解的過程，只有將話題深入到雙方的內心，才能滿足彼此內心的需求，從而達到最佳的溝通效果。若我們視回饋為多餘的話，便很容易讓對方產生誤解或歧義，使得溝通以失敗告終！

小斌是技術部的主力，為了讓他能更投入工作，公司為他搭配了一個祕書。提及這位祕書，小斌簡直是一個頭兩個大，不知道為什麼，每次交代給她的事，總會幻著花樣出錯，更鬱悶的是，他事後還得浪費時間和精力來幫她善後。

這天，小斌對祕書說：「你看見我昨天剛弄好的那份文件了嗎？」

「好像昨天就放在你桌子的倒數第二個抽屜裡。」

「對，就是這份文件，妳趕快去一趟業務部！」

「好的，我現在就過去！」說完，祕書轉身便離開了！

祕書離開後，小斌便又埋頭開始了自己的研究。大約一個小時後，他辦公桌上的電話突然響起，竟是業務部催他趕快把技術文件送過去。掛完電話，他便一肚子火，自己剛才明明已經讓祕書送過去了，他們怎麼還一直催！於是，他叫來祕書，問道：「妳剛才沒有把那份文件送去業務部嗎？」

「什麼文件啊？你只是讓我過去一趟，我以為是要去拿什麼東西呢，但過去後，根本就沒人理我，我還特意說了是你讓我來拿東西的！」

聽完這番話，小斌才發現那份文件依然躺在辦公桌上，而自己剛才一直在埋頭工作，絲毫沒有注意到它的存在。看著祕書一臉委屈，小斌也不好再說什麼，只能讓她帶著那份文件趕緊再去一趟業務部，那邊早就已經等不及了！

小斌是個不善於溝通的人，如果他無法學會及時地提出回饋，即便再給他找一個或十個，甚至是一百個祕書，也配合不了他的工作。很多時候，我們所表達的含義，往往會跟別人理解的意思有所誤差，這是由於個體的不同而造成的，也正因為如此，在溝通的過程中，我們才需要請求對方給予回饋。

請求回饋能確保對方準確掌握我們想要表達的意思，有時，只需要我們簡單地問一句「你明白我的意思嗎？」或「麻煩你複述一下我剛才表達的意思」等，就能減少很多不必要的衝突和矛盾。

「強強，我今天改作業時，好像沒看見你的作業簿，怎麼回事？」

「對不起，老師，我的作業沒寫完，所以就沒交。」

「我想知道你沒寫完作業的原因是什麼？是因為貪玩沒按時寫，還是沒有聽清楚我說的作業內容呢？你能告訴我原因嗎？」

就在這時，上課鈴聲突然響起，強強趁機說：「老師，我要先去上課了！」

「好吧！那放學後，來我的辦公室一趟，好嗎？」強強一聽這句話，趕忙回答道：「好的，我知道了！」

老師不知道強強是否真明白自己的意思，於是追問道：「你能再說一遍我剛才讓你做的事嗎？」

強強回答：「我知道，你是想放學後留我下來寫作業！」

「你誤解了我這話的含義，我是想放學後，你告訴我沒完成作業的原因！」

「難道不是要罰我留下來完成作業嗎？」

「不是，我只是單純地想知道你沒有完成作業的原因！」

「好的，謝謝老師，這次我是真的知道了！」

類似強強這樣的經歷不勝列舉，由於沒及時地請求對方給予回饋，從而導致對方誤解了我們想要表達的含義，也正因為如此，使得溝通雙方因歧義而產生了摩擦。不得不說，案例中的老師是聰慧的，因為她沒有被「我知道了」這句話唬弄過去，而是及時地向強強提出了回饋請求，闡明了自己的真正意圖。

那該如何請求回饋呢？

不要輕易被對方唬弄

在溝通時，當請求他人的回饋時，對方通常都會這樣回答：「放心吧，我知道了」、「我明白你的意思」等等，但事實上，他們卻不一定明白我們想要表達的含義。所以，不要輕易地被這些話含混過去，而應當讓對方充分表達他的理解，倘若他的理解與我們的意思有所不同，我們就有機會做出適當的補充和說明。

充分解釋回饋的原因

當我們提出回饋需求時，也許會遭到對方的拒絕，或向我們表達保留意見，如有些人會說：「放心，我不是聾子！」、「你是在懷疑我的聽力嗎？」、「別在我這裡故弄玄虛」……對於這種情況，我們一定要控制自己的情緒，然後充分解釋清楚依求回饋的原因，即我們是想更清楚地表達自己的意思，從而讓彼此的溝通更加順暢！唯有如此，才能打消對方內心的疑慮，使其感覺到我們不是在羞辱他、玩弄他。

保持良好的溝通態度

暴力不僅僅展現在語言上，也體現在交流的態度之中，雖然回饋有利於滿足自己的需求，但如果我們過於粗暴地提出，照樣無法達成溝通的目的。對此，我們要在體會到他感受的情況下，採取相對柔和的態度來交流，像「你聽懂了沒」、「你有沒有聽清楚」、「我根本沒這意思」等這些話，就應該避免。

愛的練習題

1. 在溝通時，你是否有請求回饋的習慣？
2. 若對方拒絕回饋，你通常會如何去應對？

想要達成目標，你需要持續努力

人的感情很脆弱，上百次的溝通成功，往往都抵不過一次失敗的溝通！

人的耐性通常都十分有限，而在與人溝通的過程中，又難免會遭遇各式各樣的難題，如遭遇對方的拒絕，使交流受到了阻礙；或對方選擇了迴避，以致我們表達不出自己的目的；抑或對方持有所保留的態度，讓溝通無法再更進一步等。面對這些挫折，也許我們能扛得住一時，卻往往很難做到堅持一輩子。

「李偉浩，我不想再整天跟你吵了，我們今天好好地談一談吧！」

「妳又想做什麼？我最近接了一個大案子，真沒時間陪妳瞎鬧！」

「我不是胡鬧，你不覺得我們的婚姻出問題了嗎？」

「出了什麼問題？我們既沒有出軌，又沒有感情破裂！」

「可是我們每天都無休止地爭吵，你不覺得這就是問題嗎？」

「夫妻之間吵個架，是很正常的事，沒必要太放在心上。」

「偶爾的爭執或許正常，但三天一大吵，兩天一小吵，這也算正常？」

「好了，妳別再胡思亂想了，我真的很忙，沒時間跟妳討論這個！」

「如果你現在沒時間的話，那過陣子我再跟你溝通。」

幾個月後，妻子再次找李偉浩交流：「案子做完了，現在有時間溝通了吧？」

「好，妳說，你究竟想知道些什麼？」

「我只是想知道我們爭吵的原因，僅此而已！」

「我怎麼知道是什麼原因，妳倒是說給我聽聽！」

「李偉浩，這已經是我無數次主動跟你溝通，我不想每次都以爭吵來結束！」

「妳以為我想跟妳吵啊？我也很煩，已經盡量避免跟妳正面交流了！」

「不交流無法解決問題，我們應該開誠布公地說出內心的感受！」

「感受？我能有什麼感受？除了累還是累！工作累，生活更累！」

「你是又想吵架嗎？我也真是受夠了，你累我就不累了嗎？」

……

李偉浩的經歷是生活中很常見的一種溝通模式，雖然妻子已經很努力地在交流，但面對李偉浩一而再再而三的拒絕和逃避，備受打擊的她，最終選擇了放棄，以致之前所有的努力都付諸東流。相對於暴力溝通，非暴力溝通往往更需要我們的耐心，因為在這一過程中，我們不但要學會觀察和傾聽，還要體會對方內心的感受和需求，從而達到自己的目的。

換言之，即非暴力溝通是一個長期的課題，我們既不能因一時的成功而得意忘形，也不能在接連的失敗後而選擇放棄，唯有堅持不懈地去使用它，才能達到維繫情感的最終目的，否則，一切便會又回到最初的原點。人與人之間的感情是很脆弱的，曾經上百次的溝通成功，往往都抵不過一次失敗的溝通！

那麼，如何才堅持非暴力溝通呢？對此，不妨借鑑下面幾點建議：

用動機培養意志力

堅持是需要強大的意志的，而所謂的「意志力」，其實就是人的一種心理活動，只要我們能戰勝自己的內心，便不會畏懼那些困難、挫折和失敗了。當然，內心也沒那麼容易對付，雖然它是屬於我們的，卻並不受我們控制，有時甚至還會跳出來跟我們作對。對此，我們不妨適當放大自己的動機，用「渴望」誘導出心中的意志力，如加強溝通目的的重要性；或誇大溝通成果所帶來的好處等。

盡量多使用非暴力溝通

也許在很多人看來，堅持就像一幅抽象畫，雖然看起來很美，但要想參透它真正的含義，卻並非易事。堅持不僅需要超凡的毅力和耐力，還需要有堅定的信念，這些聽起來似乎很難，而實際上，只要我們能拋開那些世俗對堅持的定義，做到每次溝通都盡量使用非暴力模式，便很容易堅持到最後。

保持一顆平常心

在堅持非暴力溝通的道路上，常常會遇到各式各樣的阻礙，你若因此而停滯不前，便永遠都無法達到自己的目的，而要想事事順心如意，就必須時刻保持一顆平常心，做到「不以物喜、不以己悲」。那些徘徊於「暴力」和「非暴力」之間的人，到頭來深受其害的還是自己。時間因你的糾結而浪費了，生活因你的壞情緒而打亂了，堅持因你的放棄而泡湯了，感情因你的暫停而越走越遠了。

愛的練習題

1. 若對方一再拒絕溝通，你是否有耐心繼續體會他的感受和需求？
2. 當溝通受到阻礙時，你會作何選擇？是繼續還是放棄？

第八章
好好說話，憤怒無法解決問題

有人說：「生氣是拿別人的錯誤來懲罰自己」，當我們生氣時，往往只想到別人犯下的錯，卻沒有意識到自己也陷入了這個錯誤的漩渦。生活中，我們在盛怒之下很易做出過激的行為，雖然從表面上來看，我們似乎已經成功了，但事實上，我們除了讓別人痛苦之外，自己也受到了牽連，非但沒有解決問題，還使彼此的矛盾增加。可見，生氣解決不了問題，有話一定要好好說。

溝通時，別只顧自己的感受

若我們能理性地面對問題，而不是只顧自己的感受，結局往往會不一樣。

生活中有很多自私的人，半夜有人在你家樓上大聲喧譁，吵得你睡不著覺。阿姨們的「社區活動」聲音大的影響居民生活。有人沒打轉向燈，快速插入你的車道，逼得你只能緊急踩剎車。同事說話過於直接，嗆得你半天說不出話來……當我們因此而提出抗議時，對方卻只顧自己的感受和需求，全然不理會這些言行給我們帶來的傷害，於是雙方爭執、謾罵，甚至大打出手。

週末，景軒像往常一樣，跟朋友們在羽毛球館裡打球，一個六七歲的小男孩為了撿球，在各個場子裡亂竄，好幾次差點被別人的球拍打到，為了避免造成不必要的傷害，大家只要一看見他過來，便自覺地停下來，等他過去再繼續。

如此來回幾次後，原本興致勃勃的朋友們都非常鬱悶，個個怨聲載道。

於是景軒喊道：「這是誰家的小孩？麻煩家長出來管一管！」

孩子的爸爸聽見聲音後，只是抬頭看了看，看小孩沒受傷，便繼續打球。

也許是景軒的話產生了震懾的作用，孩子終於停止了四處搗亂，大家都繼續打球。可是正當景軒打得激烈時，沒注意到孩子又開始跑來跑去，結果一不小心用羽毛球砸中了孩子的腦袋，孩子頓時坐在地上哇哇大哭。

爸爸聽見哭聲，趕緊跑過來，對景軒吼道：「你怎麼打球的？沒長眼睛嗎？」

景軒見孩子的額頭上腫起來一個包，心裡非常過意不去，想大事化小、小事化了，立刻上前去道歉。豈料孩子的爸爸卻得理不饒人，非逼著景軒帶孩子去醫院做個檢查，看看是否傷到了腦袋的其他部位。

這時站在一旁的朋友看到後，說：「沒事，擦點藥就好了！」

孩子爸爸聽見這話，氣急敗壞地說道：「真是站著說話不腰疼！要是你家的孩子被人弄傷了，別人這麼告訴你，你心裡是什麼滋味？不是自家的孩子不知道心疼，最好還是少管閒事！」說完，孩子爸爸又對著景軒繼續說：「我跟你說，這事光道歉是不行的，得去醫院檢查，現在不是你心疼錢的時候！」

孩子爸爸的態度，讓大家聽了都不舒服，大家紛紛為景軒說話：

「這位爸爸，我們要講道理，人家又不是故意的！」

「就是啊！我們早就已經提醒過了，是孩子不聽話！」

「對啊！還讓你出來管管孩子，當時可沒人吭聲！」

……

最後在群眾的維護之下，孩子爸爸帶著自己的孩子不爽地走了！

如果孩子的父親能站在事實的角度，理性地去看待問題，就不難發現是自己理虧：首先，羽毛球館是個公共場所，不能亂跑；其次，對方早就已經警告過他，是他選擇了置之不理。若他能及時教育孩子不要在公共場合亂竄，孩子便不會受傷，更不會發生這種不愉快的爭執。

自私不僅會出現在陌生人之間，有感情基礎的夫妻亦會如此。

小靜從小就膚白貌美，是人人稱羨的美女。28 歲那年，她風光地嫁給小斌。小斌是當地的一個地主，經濟十分寬裕，他第一眼看到小靜時，就下定了決心娶到她！為了追求小靜，他費盡了心思，每天都開車送小靜去上班，接小靜下班，但美中不足的是他學歷低，長相也普通，而且工作也不如小靜的好。

戀愛中的他們覺得很甜蜜，所以並沒有感受到差距，但結婚後，兩人之間的差距就開始冒出來了。這天，吃過午飯後，同事們聊起了自己的老公。

「我老公是公司的總經理，年收入幾百萬，他經常出差帶好吃的給我。」

「我老公開了家公司，生意越做越大，他經常勸我別工作，讓他養我。」

「我老公是大學教授，一到週末，我家就擠滿了他的學生，非常熱鬧！」

「我老公是個『ABC』，經常跟那些老外打交道，幫我弄了不少奢侈品。」

「我老公啊，雖然人比較木訥，但他的祕書很可靠，經常給我驚喜。」

……

大家熱火朝天地聊著，有人問到了小靜，她臉一紅，默默地低下了頭。

回家後，小靜坐在沙發上生悶氣，小斌見狀問道：「老婆，妳怎麼了？」

「我怎麼了？」小靜氣呼呼地說：「別人家的老公不是公司高階主管，就是自己當老闆。我當年怎麼就瞎了眼嫁給你？要學歷沒學歷，要長相沒長相……」

小靜的一頓數落，讓小斌的心裡很不舒服，於是反駁道：「雖然我各方面不如他們，但我們家有車、有房，衣食無憂的，過得一點都不比他們差！」

雖然小斌說得很有道理，但小靜就是心裡不舒服，於是反擊道：「人家除了物質，還有更高的追求，但你呢？那個破工作，讓你徹底變成了個『暴發戶』！」

這場爭執後，小靜越想越覺得委屈，經常有事沒事地訓斥小斌，剛開始，小斌還能哄她，但時間久了，心裡也不是滋味，漸漸避開了她，盡量晚回家。

生氣時，我們往往只顧著自己的感受，以致忽略了周圍人的情緒，就像案例中的小靜，她只想著要在同事面前有面子，卻沒有考慮老公小斌的感受，使得小斌不得不盡量避開她，從而讓他們的感情產生了裂痕。的確，非暴力溝通主張滿足需求，但它要滿足的是對話雙方的需求，而不僅是某一個的需求。

那麼，生氣究竟隱藏著我們的哪些需求呢？主要有以下這幾個方面：

利益受損

當財產受到損失時，例如被騙了錢，我們常常會感到憤怒。對此，我們需要的是彌補金錢的缺失，否則無論對方說什麼，都無法打消我們心中的怒氣。

期望受挫

通常這是憤怒的主要來源，如老公忘了送你生日禮物。對此，老公除了要補上禮物外，還要真誠道歉，否則老婆不會輕易地原諒他。

被人忽視

每個人都渴望被關注，所以當我們受到忽略時，往往會非常生氣。對此，顯然是要給予對方更多關注，否則這種不滿的情緒會持續累積，直到爆炸。

嫉妒他人

當我們嫉妒別人時，也會產生莫名的憤怒。這時，我們需要他人的指引和開導，以幫助自己走出這種不良的負面情緒，否則很容易被嫉妒沖昏了頭腦。

愛的練習題

1. 如果同事搶了你的客戶，你會如何來解決呢？
2. 若你家樓上的小孩半夜還在蹦蹦跳跳、吵吵鬧鬧，你會怎麼做？

「合理的憤怒」真的合理嗎？

很多時候，只要你誠懇地提出請求，便能輕鬆解決問題！

生活中，有不少看似「合理的憤怒」，例如別人欺負了你的孩子，你的錢包被人偷了，該發給你的年終獎沒發等等。其實這些所謂「合理的憤怒」，都不過是你內心的需求沒有被滿足，以致引發了一種因緊張而不悅的情緒，只要我們能控制好自己的情緒，真誠地提出請求或解決方法，便能輕鬆搞定矛盾和衝突！

週一的早上緊張而忙碌，經理徐美靜正著手安排這一週的工作。突然，她辦公室的門被打開，一個女孩子衝了進來，開口便質問徐美靜：「為什麼我朋友沒拿到薪資明細？」剛開始，徐美靜還能保持基本的禮貌，告訴那女孩薪資明細的事不歸自己管。但那女孩卻不依不饒，反覆向徐美靜討要薪資明細，總之就是兩個意思：

1. 她朋友是徐美靜的下屬，所以薪資明細就在徐美靜這裡，今天務必給她。

2. 如果薪資明細不在這裡，徐美靜有義務指明一個人，讓她去找那個人要薪資明細單。

然而，徐美靜這既沒有薪資明細，也沒有它的相關資訊，在那女孩的糾纏之下，一股莫名的情緒 —— 憤怒油然而生，漲滿胸中。這時的徐美靜有三種選擇：

1. 以身分壓人，怒罵那女孩：「我雖然不是妳的直屬上司，但也絕不允許妳這樣無理取鬧」。

2. 試圖透過道理來說服她：「我已經很清楚地告訴妳了，薪資明細不在我這，就算妳今天賴在這不走，我也幫不了妳」。

3. 找個藉口離開，先讓自己冷靜下來，然後再想其他的辦法。

非常幸運的是，徐美靜最後選擇了離開，並沒有與那女孩過多糾纏。她之所以如此選擇，主要出於兩方面的考慮：一是為了緩解不良情緒，好讓自己的大腦能迅速冷靜下來；二是尋找解決問題的方法，每個月的薪資明細都是由人資部發到員工的手裡，這張薪資明細是誰經的手？為什麼沒有到本人的手裡呢？

經過詢問和調查，徐美靜發現原來發薪資明細那天，人資部在開緊急會議，於是他們將薪資明細給了各部門的某個員工，讓他們幫忙發放，這才造成了混亂。

了解事情的真相後，徐美靜便建議那女孩去人事部問清楚，究竟把這個部門的薪資明細給了哪個員工，只要能找到該名員工，自然也就能找到朋友的薪資明細了。聽了徐美靜的建議後，小女孩子終於安靜了，並在一連串的致歉和感謝中離開了。

徐美靜是個睿智的人，她本可以讓自己的憤怒爆發出來，卻選擇了抑制它、迴避它，直到最後解決了它。很多時候，怒氣就像點燃了引線即將要爆炸的炸彈，一旦引線燃盡，便會造成不可挽回的後果。我們必須要在這之前調整心態跟心情，從而讓自己能保持冷靜的頭腦，恢復理智。

那應該怎麼做呢？

學會忍耐，找回自己的理智

當事情沒按照期望的那般發展時，我們常常會感到憤怒。此時，與其讓自己爆發，跟對方針鋒相對地爭執，不如先忍一忍，將時間和精力都用在尋找真相上，這樣問題才能得到解決。俗話說「小不忍則亂大謀」，倘若我們任由憤怒自由發洩，非但不能挽回自己的損失，很可能還會讓事情變得越來越糟。

適當幽默，緩解緊張的氛圍

生氣時，如果我們以憤怒對憤怒，只會讓自己更加憤怒。對此，我們不妨適當的幽上一默，在緩解緊張氛圍的同時，為自己和對方創造一個冷靜的時機，讓彼此都不會再火上澆油。幽默是調節情緒的最佳方式，只要對峙雙方的任何一方破怒為笑，便能迅速化解彼此之間的矛盾，從而有效溝通。

裝個樣子，而不是真的動怒

所謂「清官難斷家務事」，對於家庭中的衝突和矛盾，我們完全沒必要追根究柢，因為很多事往往都分辨不出究竟誰是誰非。但為了滿足自己內心的需求，我們不妨裝個樣子，如抬高嗓門、板起面孔或雙手叉腰等，只要能震懾一下就夠了，千萬不能真的動怒，否則你在傷害了親人的同時，也折磨了自己。

換位思考，試著去體諒別人

憤怒時，我們常常會失去理智，無法冷靜地思考問題。這時，我們不妨進行換位思考，多站在對方的角度去看待問題，或聽聽對方的意見和想法，從而讓自己根據事實來判斷問題。當然，這還需要我們有一顆寬容的心，能包容對方的缺點、寬恕對方的錯誤，唯有如此，才能化干戈為玉帛，收穫一份新的友誼。

愛的練習題

1. 面對別人的憤怒，你會怎樣來處理呢？
2. 通常，什麼事會激起你的憤怒呢？

標籤化對方，只會加深彼此的誤解

別強迫他人融入自己的圈子，這既不利於溝通，更不利於建立親密關係！

提及貼「標籤」，也許你的第一反應便是孩子，殊不知，生活中為成年人貼「標籤」的事也比比皆是，比如叫朋友「膽小鬼」，喊老公「暴力狂」，說同事「神經病」等等，這些都是「標籤」。要知道，世上有一種值得，叫做「我喜歡」，只要別人自己樂意，我們根本沒權利去評價、干涉，否則便會引發衝突。

小付是個名副其實的物理天才，他曾多次獲得國際賽事的冠軍。身邊的人都認為小付長大後一定會成為研究學者，然而讓人意想不到的是，大學畢業後的小付，沒有選擇出國深造，也沒有選擇留在名校的研究所，而是回到了自己的家鄉，在自己的母校擔任教師。

面對親朋好友的不理解，小付說：「我喜歡腳踏實地的生活！也許，在你們看來，我是一個『不成功』的人，可我卻過得很充實，也很快樂。比起做出多麼轟動的研究成果，我更希望能幫助這些孩子們學習更多的知識，讓他們有能力去看看外面更精采的世界。至於有些人說的沒出息什麼的，我一點都不在乎！」

「標籤」只是一種人為的主觀判斷，說白了，就是對他人簡單粗暴的評價。要知道，無論你給別人的「標籤」是否貼切，或是否符合事實，多多少少都會影響當事人的正常生活，因為「標籤」隱藏著一種強烈的心理暗示，會讓他們不斷地朝著那個方向去發展，直到自己徹底變成標籤上的模樣為止。對此，孩子就是最好的證明，很多家長都喜歡為孩子貼「標籤」，結果卻毀了孩子的一生！

洋洋是個天生的慢性子，雖然已經上小學六年級了，但每次寫作業還是慢吞吞的，只要媽媽不在旁邊監督，他就會一直拖，為此他沒少挨媽媽的罵。

這天，洋洋像平常一樣，放學回家後便回到房間寫作業，但不同的是，今天媽媽因加班而不在家，得知這個消息後，把洋洋給高興壞了，他趁爸爸不注意，偷偷地將平板電腦塞進了自己書包裡。洋洋告訴爸爸自己要關上房門寫作業，卻將平板放在了作業簿旁邊，一邊看著卡通一邊寫作業，好不愜意！

時間飛逝，媽媽終於下班回來了，當她聽見爸爸說洋洋在房裡寫作業時，覺得十分開心，但當她打開房門看見洋洋後，便不由得立刻火冒三丈，忍不住責備起來：「哪家孩子像你這樣寫作業，老師沒教過你一心不能二用嗎？我還指望你能改掉拖拖拉拉的惡性，現在看來，你就是個道地道地的『拖延怪』！」

從那以後，洋洋像洩了氣的皮球般，做什麼事都提不起精神來，久而久之，竟變得比以前還要愛拖，而媽媽非但不鼓勵他，還變本加厲地為他貼上「標籤」！

很多時候，「標籤」並非就是事實，而是在沒有全面了解他人的情況下，用自己的經驗所下的結論，也正因為如此，對方常常會反駁和回擊，繼而產生了衝突和矛盾。事實上，任何一個人都不該被輕視，因為真實的生活永遠比「標籤」更意味深長，別人想怎麼過日子，那是別人的事情，我們無權對此指手畫腳。

此外，不亂為他人貼「標籤」，還是一種高級的善良。我們覺得正確的事，放在別人身上卻未必就正確，因為每個人所處的環境不同，經歷的人生亦各不相同，所以對生活的理解也千差萬別。在人際交往中，我們不能強迫他人融入自己的圈子，這既不利於彼此之間的溝通，更不利於親密關係的建立。

在現實生活中，我們常因自身的情感需求，認定別人是「騙子」、「貪婪的人」、「不負責任的人」等等，這樣的「標籤」雖能解一時之恨，卻會嚴重影響我們與他人的溝通。每個人都是一個獨立的個體，沒有誰會願意別人對自己的生活指手畫腳，你若想維持一段長久的情感，就要放開自己的眼界、敞開自己的心胸，用愛去擁抱這個世界，用善良去吸引他人的目光！

愛的練習題

1. 面對別人給的「標籤」，你是會憤怒，還是冷靜對待呢？
2. 生活中，你有沒有給他人貼過「標籤」？為什麼？

憤怒時，請先給自己一點時間

別急著發洩，給自己一點時間，想清楚自己內心的需求再開口。

憤怒時，為了能宣洩心中的不滿，我們常常會這樣為自己找藉口：我脾氣就這樣，誰惹到我，他活該倒楣；惹誰不好，非要來惹我，我可不是省油的燈；別以為我好欺負，誰能笑到最後還不一定呢……似乎只有出了這口惡氣，我們才能展現出自己的實力。殊不知，當我們真的吵贏了、勝利了，卻一點都不開心，有時甚至還會忍不住後悔，為什麼呢？因為這根本不是我們心裡想要的結果。

所以，千萬別衝動，試著給自己一點時間，想清楚內心的需求再開口。

明明是個脾氣暴躁的小男孩，一點的小事都能惹得他火冒三丈。明明的這個臭脾氣，不但讓他自己吃盡了苦頭，更讓他的父母四處向人賠禮道歉。

這個週末，明明被好朋友「放鴿子」，心裡不爽，正在扔玩具發洩，爸爸見狀，拿來了一盒小釘子和一個木頭錘子給他，並告訴他：「明明，爸爸教你玩個有趣的遊戲，就是只要你覺得很生氣，就在後院的牆上釘個釘子來發洩！」

明明覺得這個遊戲非常有趣，於是接過錘子和釘子跑去了後院。第一個星期，明明發 30 幾次脾氣，他在牆上釘了 30 多個釘子。第二個星期，明明發了 20 幾次脾氣，他在牆上釘了 20 多個釘子。第三個星期，明明只發了十幾次脾氣，他在牆上釘了十幾個釘子。

……

隨著時間的流逝，明明生氣的次數竟然越來越少了，他感到非常驚訝，於是問爸爸：「爸爸，為什麼我現在不亂發脾氣了？是不是釘子上有什麼祕密？」

爸爸笑著回答道：「對呀！當你釘釘子的時候，其實是給了自己一個緩衝的時間，好讓自己冷靜下來，時間一久，你便養成了習慣，不會輕易地生氣了！」

不得不說，明明的爸爸實在是太機智了，他用一個簡單的遊戲，就讓孩子明白了人生的哲理：生氣時，要給自己一點時間，讓自己能及時地冷靜下來。面對憤怒，我們的智商常常為零，以致無法控制自己的情緒，做出不理智的行為，這時，若我們能給自己一個緩衝的時間，便能避免給他人造成不必要的傷害。

很多時候，憤怒會吹熄智慧的明燈，面對他人的歧視、誣陷或無知，我們的確有理由怒火中燒，但這並不意味著表示我們就可以「以眼還眼，以牙還牙」，因為這樣做的結果，除了能傷害到對方外，還會讓自己也身心俱疲，可謂得不償失。所以，與其為了發洩而針鋒相對，不如給自己點時間，迎接一份新的友誼。

停下來做個深呼吸

憤怒時，我們往往會難以自控，既然控制不了情緒，不如就乾脆停下來，不說話也不做任何事，先做幾次深呼吸，待內心恢復平靜後再溝通。很多時候，憤怒都是一時的衝動，只要能扛過前面的幾分鐘，那種強烈的感覺便會慢慢地減弱，屆時，即便我們的心裡還有怒氣，也不會做出什麼失去理智的事來。

及時地提醒自己

面對憤怒，最難做到的就是保持冷靜。對此，我們可以及時地提醒自己，用理智來戰勝情緒，如問自己幾個問題：「我生氣的原因是什麼？」、「這件事值不值得我生氣？」、「生氣能為我帶來什麼好處？」、「生氣到底能不能解決問題？」等等。當我們回答完這些問題後，便會感覺到自己好像已經沒那麼生氣了。

換個方式宣洩情緒

直接面對憤怒是下下策，適時地選擇迴避才是良方。所以，憤怒時，我們不妨先離開那個是非之地，換一種方式來宣洩情緒，如找朋友出來傾訴；或去健身房運動，將憤怒變成汗水；抑或去公園裡散個步，放鬆一下心情；還可以去電影院看場搞笑的喜劇等，這些都能轉移我們的注意力，化解憤怒的情緒。

養成寫日記的習慣

這裡所指的「日記」，可不是讓我們抒發情感、鍛鍊文筆，而是詳細記錄自己的每一次憤怒，如憤怒的時間、地點、對象和原因等，誠實地寫出整個憤怒的過程。當我們堅持一段時間後，便不難發現這樣一個哲理：生氣非但解決不了問題，而且還很容易得罪別人！到那時，我們自然會迫使自己盡量少生點氣。

愛的練習題

1. 面對憤怒，你能否做到給自己點時間？
2. 生活中，你通常會如何處理自己的憤怒？

生氣的代價，往往超過你的想像

不要讓事情發展到無可挽回的地步，你才明白生氣是需要代價的！

生活中一個小小的導火線，就足以引發一場激烈的爭執，甚至還會大打出手，造成不可挽回的結果。生氣時的指責和謾罵，往往只滿足了自己的需求，並沒有顧忌到對方的感受和需求，我們每每都會因此付出慘痛的代價。

小琳與芳芳是對形影不離的好友，兩人經常在週末一起去學街舞。教街舞的老師，是個帥氣的大男孩，兩個女孩每次都學得很賣力，只不過，兩人學習的效果卻大相逕庭。芳芳很聰明，而且靈活性強，再加上有一定的舞蹈功底，學得非常快；小琳既不靈活，也沒有舞蹈功底，所以難免會有些跟不上節奏。

這天，芳芳像往常一樣開小琳的玩笑：看妳那笨拙的樣子，還是放棄吧！

要是在平時講出這句話，小琳也就諷刺芳芳幾句算了，可是當著帥哥的面說，小琳的心裡就有點不是滋味了，她想：還說是好朋友？當眾讓我出醜！心裡非常的不爽，於是回擊道：「對，我該放棄，這個世界上就妳最棒！就妳最了不起！」

芳芳一驚，不知小琳今天為什麼會如此生氣，畢竟她們一直都是這樣互動的，於是問道：「妳怎麼了？平時都好好的，今天怎麼像吃了炸藥似的？」

芳芳本想緩和氣氛，豈料小琳卻氣呼呼地回答：「我就是吃了炸藥！」說完還生氣地將手裡拿的礦泉水給丟了出去，想不到竟然剛好砸中了芳芳的腳踝！

只聽見芳芳叫了一聲，身體後退了好幾步，看著自己受傷的腳踝，她留下一句「神經病！」便一瘸一拐地去了更衣室，只留下小琳在原地發呆。

小琳知道是自己過分了，但她也不是故意的，更何況是對方有錯在先，死撐著沒有去向芳芳道歉；而芳芳回去後，想起了小琳見到舞蹈老師時總是紅著臉，便明白了她也喜歡帥哥教練，卻又拉不下面子去跟小芳道歉。就這樣，兩人都小心翼翼地避開對方，再也沒有一起去學街舞，私下裡也沒有再見面。

漸漸地，兩人越走越遠，竟變成了「最熟悉的陌生人」。

因一時的憤怒而失去了自己最寶貴的東西，這就是生氣的代價。很多時候，我們都只顧著沉浸在憤怒的情緒中，全然忘記了它會為我們帶來怎樣的後果，直至事情到了無法挽回的地步，我們才猛然驚醒：原來，生氣是需要付出代價的！可惜此時，一切都已成定局。

這天，是青城國中足球隊與育英國中足球隊比賽的日子，雖然這只是一場學校之間的友誼賽，但雙方卻都卯足全力，想要獲得這居足球賽的最後勝利。

小飛是青城中學的前鋒主將，為了這場足球賽，他利用比賽之間的空隙訓練了很長時間，並想藉此為自己的班級和學校爭光。緊張的球賽開始了，上半場結束時，小飛隊以一球之差處於劣勢，在下半場的比賽中，他總拚了命地想表現自己。突然，眼尖的小飛發現對方隊員在禁區故意絆人，但裁判卻因沒看見這一幕而沒有罰點球，這把小飛給氣炸了，覺得裁判是故意偏心對方球隊。

為了洩憤，小飛將球踢到場外，對裁判喊道：「你到底懂不懂足球啊？」

隊長見小飛挑釁裁判，趕緊過去打圓場：「別在意，他脾氣就是這樣！」雖然在隊長的阻攔之下，小飛沒有跟裁判其衝突，但心裡一把火的他總想找機會發洩，就在這時，他又發現對方隊員在禁區踢人，於是他一個箭步衝上去，重重地推了一把踢人的同學，那位同學也不是省油的燈，立刻便做出了反擊，也推了一把小飛……就這樣，在雙方的相互推擠之下，球賽變成了學校間的群架。

比賽結束後，小飛與參與打架的同學都受到了記過處分。當他再次路過那個足球場時，心裡就像打翻了調味料 —— 五味雜陳。他知道，憑藉自己學校的實力和下半場的表現，就算對方犯規他們也能贏，但現在卻因為自己的一時憤怒，不僅沒有贏回屬於學校和自己的榮譽，還輸了這場比賽，更讓學校丟臉。

我們很容易在盛怒之下做出過激的行為，雖然從表面上來看，我們這是在報復對方，但事實上，我們在讓別人痛苦的同時，自己也受到了些許的牽連，如朋友因受傷而斷絕與我們的來往；家人因難過而選擇遠離我們等，這些都是生氣的代價。

生氣帶來的惡果不勝列舉，具體來說，主要有以下幾個方面：

影響健康

所謂「氣大傷身」，經常生氣不但會傷害五臟六腑，而且還會損傷人的免疫系統，從而導致掉髮、長斑、影響睡眠，甚至會引發癌症。

引發衝突和矛盾

生氣時，我們的周圍會充滿「負能量」磁場，這種壞情緒很易傳染給身邊的人，從而衍生出不和諧的因子，使得衝突不止、矛盾不斷。

造成家庭不和

憤怒常會令我們失去理智，尤其是對於親密的關係，往往更容易造成致命的傷害，使得原本和睦的家庭變得不和，導致夫妻感情破裂等等。

導致工作效率低

生氣會分散人的注意力，這會讓我們無法集中精神、專心致志地工作，從而導致工作效率低下。長久下來，勢必會影響自己的前途。

愛的練習題

1. 你的憤怒是否已經影響到你的生活？
2. 你有沒有經歷過「生氣的代價」呢？

懲罰無法真正解決問題

懲罰雖能發揮一定的作用，卻無法幫助我們達到自己想要的目的。

曾經，一頓嚴厲的批評，就能讓下屬更加賣命地工作；一次激烈的爭吵，就能讓老公主動向你低頭和認錯；一個犀利的眼神，就能讓孩子乖乖地去做你希望他做的事……但如今，哪怕你使出渾身解數，也無法令他們退讓一步，這是為什麼呢？因為懲罰是有局限性的，一旦對方有了了免疫功能，我們不僅無法達到自己的目的，還會引起對方的反感和反抗，屆時，想再恢復原樣就不易了。

最近，班導打電話來反映澤澤開始逃學，這讓曉梅很擔心兒子的學業，於是，在一次晚飯過後，她走進了澤澤的房間，想跟他進行一次深度溝通。

「澤澤，最近功課怎麼樣啊？有沒有遇到什麼困難？」

「沒什麼困難，一切都挺好的。」

「既然這樣，你就應該好好地待在學校裡上課，為什麼要逃學呢？」

「班導又打電話來告狀了？真是受不了他，這麼大的人了，還總告狀！」

「你別管是誰告訴我的，身為學生，逃學就是錯誤的！」

「好，我知道了，以後我乖乖上課就是了。」

「不是乖乖上課就夠了，你還要積極地主動去學習！」

「是，我會好好學習，天天向上的！」

「你這是什麼態度，逃學你還理直氣壯？」

……

曉梅原本想好好開導澤澤，讓他明白逃學是錯誤的做法，誰知還沒有聊到主題，母子倆便吵了起來。聽見爭執聲的爸爸聞訊趕來，並迅速加入了媽媽的陣營，對澤澤各種批評和責罵，而澤澤也不甘示弱地進行回擊。眼看兒子犯了錯還不知道悔改，爸爸一肚子火，抬手就給了他一巴掌，隨後憤然離去。

對於爸爸的舉動，曉梅雖然有些吃驚，卻也並不意外，於是她留下一句「你自己好好反省！」後，便轉身出去做自己的事了，只留下澤澤一個人捣著通紅的臉，默默地趴在書桌上哭泣。

曉梅本以為那次的懲罰，能讓澤澤長點記性，想不到，他竟然開始變本加厲，以前只是偶爾逃學出去玩，現在卻變成了經常蹺課，這讓曉梅非常生氣。一天澤澤放學回家後，曉梅二話不說，直接拿起衣架狠狠地揍了他一頓，一邊打一邊不停地數落他。豈料，受不了這種折磨的澤澤奪門而出，消失在夜幕中。這下子讓曉梅急壞了，連忙追了上去，卻早已不見了澤澤的身影。

其實很多孩子都是「吃軟不吃硬」，尤其是正處於叛逆期的孩子，強硬的手段只會讓他們越來越叛逆，就像案例中的澤澤，曉梅一味地去訓斥、懲罰他，不僅讓他更加地變本加厲，還使他因受不了折磨而選擇了逃離。從這個案例中，我們不難看出，懲罰非但不能令我們達到目的，反而還讓事情變得越來越糟。

若你覺得只有孩子才會叛逆，那就大錯而特錯了，因為對於更有自主意識、更能掌控的成年人來說，懲罰往往會帶來更為嚴重的後果。面對父母的責備和毒打，孩子可是很少會反擊的，但成年人不同，他們不僅會狠狠地反擊，還會唱反調，因為他們堅信：你若有權利懲罰我，我也有權利懲罰你！

懲罰從來都不是萬能的，它既存在一定的局限性，更需要付出高昂的代價，更何況，懲罰往往只能發揮暫時鎮壓的作用，而無法從根本上去解決問題，時間一久，弄不好還會讓後果越來越嚴重！在憤怒時，千萬別指望懲罰能達到目的！

我們不妨從憤怒的幾種類型入手，一一剖析。

爆發型

這類人脾氣十分火爆，只要遇到不順心的事，便會瞬間爆發。

這類人要想避免傷害到他人，就必須控制好自己的情緒。

研究顯示，憤怒的時間最多不會超過 12 秒，只要我們控制好情緒，便能安然地度過這 12 秒。

隱忍型

這類人即使心裡猶如一萬個火山在噴發，也不會輕易地表現出來，他們只會默默地隱藏在心裡，這雖能避免衝突和矛盾，卻會對自己帶來傷害。

對於這類人，首先要做的就是認知對錯，再用積極的語言跟自己溝通。

嘲弄型

這類人通常不會直接傷害對方，而是用尖銳的嘲弄去表達不滿。

雖然這類人極具智慧，卻也會不可避免地傷害到對方，或損害到雙方之間的關係，唯有直截了當、清晰而堅定的表達需求，才能有效化解彼此間的矛盾。

破壞型

這類人常會用出其不意的方式來攻擊對方，哪怕最後兩敗俱傷。

他們往往具有很強的攻擊性，所以除了要調整自己的心態外，還要懂得掌握做事的尺度，當自己堅持不下去時，不妨坦率地告訴朋友自己需要幫助。

自責型

這類人喜歡將過錯都攬到自己身上，時間久了，很易導致憂鬱。

這類人之所以主動認錯，常常是因為不夠自信，所以他們要做的就是提升自信心，如經常暗示自己：「相信自己」、「你是最棒的」、「你可以做到」等等。

習慣型

這類人喜歡直接表達不滿，並且他們憤怒的背後，通常都隱藏著怨恨、遺憾和失敗，也正因為如此，常常會令自己身邊最親近的人受到傷害。

這類人需要誠實面對自己的內心，想清楚自己真正想要的是什麼，這樣才能避免因雞毛蒜皮的小事而發怒，從而改掉自己的「壞脾氣」，保持家庭和睦。

愛的練習題

1. 你認為自己的憤怒是什麼類型？
2. 對於自己受到過的懲罰，你有何看法？為什麼？

處理憤怒，才能讓自己更自由

其實我們並非不願意理性處理憤怒，只是沒有找到合適的方法罷了！

人生處處布滿了荊棘，當我們受到挫折和打擊時，除了悲傷和失落外，還會衍生出另一種情緒——憤怒。如孩子不肯好好學習；上司讓我們捲鋪蓋走人；朋友因自身利益而背叛了我們等等。面對這些不順心的事情，我們的確有理由憤怒，但這並不能成為我們肆意發洩的藉口，因為我們完全可以選擇理性地表達。

炎熱的夏天，正在為孩子們上課的王老師發現，坐在最後一排的小強正在跟隔壁同學竊竊私語，於是她停止了講課，希望能引起他們的注意，然而他們聊得實在太起勁，根本沒空管老師。無奈之下，王老師只好在課堂上提醒他們：「最後一排靠窗戶的兩位同學，你們不要再說話了，請保持課堂規矩！」

小強見老師點名批評自己，立刻反駁道：「我沒有說話！」

「你還狡辯，我已經注意你們很久了！」王老師厲聲喝斥道。

「就只會找我們麻煩，欺負我們成績差，算什麼！」小強低頭喃喃自語。

雖然小強的聲音不大，但在鴉雀無聲的教室裡，每個人都聽得一清二楚，其中也包括站在講臺上的王老師。面對如此頑劣的學生，王老師的心裡頓時升起了一股無名火，但她並沒有當場爆發，而是閉上眼睛，做了一個深呼吸，先讓自己平靜下來。大概一分鐘後，她才開口說道：「現在，我給你兩個選擇：一是安靜地待在教室裡上課，下課後來我的辦公室解決這件事；二是你立刻出去！」

小強選擇了留在教室裡。接下來，教室裡非常的安靜，上課異常順利。

下課後，王老師帶著小強來到了辦公室，見小強一副無所謂的模樣，她本想狠狠地教訓對方一頓，以發洩內心的鬱悶和被傷及自尊後的憤怒，但轉念一想：發脾氣有用嗎？這樣就能讓他改掉身上的壞毛病嗎？答案顯然是不能。所以，她決定要理性表達自己的憤怒，她說道：「我們好好談談，怎麼樣？」

小強詫異地看了一眼老師，沒有說話，只是輕輕地點了點頭。

「要想解決問題，我們就必須對事不對人，你先把今天的事陳述一遍。」

小強誠實地講述了整件事情的經過，不但承認了上課說悄悄話，還承認了自己罵老師，並主動向老師道了歉。就這樣，事情被圓滿解決了！

很多時候，我們並非不願理性對待憤怒，而是沒有找到適合的方法，以致只能用簡單、粗暴的方式來解決問題。那麼，我們應該如何理性地表達憤怒呢？

首先，我們必須保持冷靜。若讓憤怒主導了我們的行動，我們勢必會指責、報復，甚至是懲罰對方，這顯然不利於彼此的溝通，更不利於問題的解決。所以，當我們憤怒時，一定要盡快讓自己冷靜下來，如試著延遲開口說話與反駁的時間，10秒鐘之後……20秒鐘之後再說，或者乾脆在生氣的時候不說話，以免自己會出口傷人，加劇雙方之間的矛盾。

其次，回過頭來想一想。憤怒時，不要一味地想對方怎麼惹惱了我們，不妨多「回頭」想一想，他是不是我不共戴天的仇人？他有沒有損害到我的利益？他是不是故意跟我作對？或者我們也可以想想，我為什麼會生氣？是什麼想法讓我如此憤怒？這件事、這個人值不值得我生氣？這些能讓我們充分體會自己和對方的感受，讓情緒從緊張的氣氛中抽離出來，第一時間恢復自己的理智。

再來，找到自己內心的需求。當我們回想完後，接下來要做的，就是從那些問題的答案中，找出自己內心想要滿足的需求，如我們是想讓對方道歉，還是想獲得對方公平的對待，抑或是想讓對方補償自己的經濟損失等等。只要能準確找到自己想要的事物，心裡的憤怒便會消失一大半，因為我們已經知道了爭吵並不是自己想要的，這樣做不僅會浪費自己的時間和精力，更會引發不必要的矛盾。

最後，提出能滿足自己需求的建議。既然已經知道了自己想要的是什麼，那麼，接下來的事情便容易多了，我們只要向對方提出能滿足自己需求的建議就可以了。但需要注意的是，提出的建議一定要合理，並且態度也必須誠懇，因為沒人會願意滿足一個不合理的要求，更沒人願意去聽一個張牙舞爪的人說話。換言之，即我們應當真誠地向對方提出一個合理的建議，從而圓滿地解決這件事。

愛的練習題

1. 通常你會如何從憤怒中找到內心的需求？
2. 你覺得自己能理性地對待憤怒嗎？

第九章

放下過去，才能真正走向和解

人生在世，面臨最多的就是選擇，對此，我們必需根據自己所處的環境，加以思考再做決定，在這一過程中，我們往往要摒棄固執，收斂個性，圓滑、通融地接受來自各方面的碰撞，其中也包括要放下曾經的傷痛，原諒那些曾傷害過自己的人。唯有放下心中的執念，我們才能不以有色眼鏡去看對方，才能理性地去了解問題、分析問題，才能化解彼此之間的矛盾和猜疑。

愛，往往比仇恨更容易選擇

以恨對恨，恨將永遠存在；以愛對恨，恨才會慢慢消失！

人生在世，面臨最多的就是選擇，我們必需根據自己所處的環境，加以思考以後再做決定。

大學畢業後，當同學們都在為工作四處請求時，小鈺已靠家裡的關係進了一家企業，並且她沒有從基層做起，而是直接當上了行政主任。

小鈺初來乍到自然十分謙虛，事事向別人請教，其他同事對她還算客氣，唯獨有個小她兩歲的女孩，經常仗著比她早進公司，處處跟她作對，不是態度生冷，就是有意刁難。小鈺也不傻，一眼就看出女孩對自己有戒心，她原本以為是自己是空降部隊的緣故，但女孩不僅在工作上如此，在宿舍也是處處找碴。

這天，小鈺剛進宿舍，就被女孩堵在了門口：「快把那兩萬塊交出來！」

小鈺被這突如其來的話嚇了一跳，便反問道：「什麼兩萬塊啊？誰的？」

「妳別裝傻，昨天除了妳回過宿舍，其他人不是回家就是約會去了。我不見的那兩萬塊，肯定是妳拿的！」女孩直勾勾地盯著小鈺，厲聲說。

「我昨天不過是回來拿了份文件，拿到立刻就走了，妳可別冤枉我！」

「我冤枉妳？只有妳回來過，不是妳還能有誰？我放錢的櫃子有上鎖，就算長腳也跑不了。妳快點還給我！」女孩雖一臉焦急，語氣卻很篤定。

面對女孩鋒利的語言，小鈺恨不得立刻衝上去賞她一巴掌，但心裡卻清楚，她的確有理由懷疑自己，與其在仇恨的驅使下跟她相互攻擊，不如盡快幫她找到那兩萬塊，洗清自己的嫌疑。於是小鈺說：「妳先別急著懷疑我，在宿舍裡好好找一找，搞不好是妳不小心掉在其他地方了。」

「整個宿舍我都已經翻遍了，根本就沒有，肯定是被人拿走了！」

「妳把錢放在哪裡？我幫妳一起找。」

小鈺說著便放下東西，準備幫她找。

「就是這個櫃子裡，我昨天一早還有看到，但今天卻不見了。這是我準備讓弟弟交大學學費，好不容易存下來的！」女孩快要急哭了。

「妳先別急，我們一起找找，萬一找不到，我把這筆錢借給妳！」說著，兩個女孩便像偵探似的，對宿舍展開了全面的搜索，最後終於在櫃子下面的雜物盒裡找到了。原來，是女孩昨天拿東西時碰掉的，但由於當時急著出門，根本沒注意這個裝錢的紙袋掉了下來，隨手便將櫃子給鎖上了。

真相大白後，女孩的心裡五味雜陳，既有對小鈺的愧疚，又充滿了感激，但最令女孩感動的是，小鈺竟能放下自己對她的傷害，第一時間選擇幫助自己。從這件事之後，兩個女孩瞬間成了好閨密，不但每天出雙入對，形影不離，在工作上更是親密無間，獲得了上司的稱讚！

家庭環境優越的小鈺，難免會讓同事們產生嫉妒之心，然而面對同事的惡意刁難，她非但沒懷恨在心，甚至還主動幫對方解決難題，正因為她內心充滿了愛，才能在洗清自己嫌疑的同時，還收穫了一份真摯的感情！現實生活中，不少人都遭遇過跟小鈺類似的經歷，只不過他們往往都無法做到像她一樣大度，而是被仇恨矇蔽了雙眼，用最難聽、惡毒的話攻擊對方。

殊不知，愛遠比恨容易得多，也更能符合人性，因為在我們的需求裡只有愛，根本就沒有過恨，我們之所以使用語言，往往也是為了獲得更多人的愛。此外，一旦我們的內心被恨侵占，便會扭曲自己和對方的感受與需求，以致彼此的溝通變質，什麼都無法達成共識。反之，若我們能從愛出發，以寬容的姿態來交流，便能在毫無阻礙的同時，為自己留下良好的印象，進而贏得更多的籌碼。

有句話說「團結力量大，再厲害的人也需要夥伴」，在這個「看人脈」的時代，要想活得如魚得水、自由灑脫，就必須弄張屬於自己的「人脈網」，而為了擴大這張網，你必須放下自己的仇恨，跟敵人甚至是仇人做朋友。為什麼？因為結一個冤家，就等於堵住了自己的一條退路；若原諒了一個仇人，便相當於多交了一個朋友。尤其是當你遭遇不幸時，搞不好這就是你的救命稻草。

愛的練習題

1. 你覺得自己是個充滿愛的人嗎？
2. 生活中的你喜歡愛還是恨呢？為什麼？

修補關係，其實沒你想的那麼難

面對裂痕，只要你能勇敢地邁出第一步，對方便會下意識地去跟隨。

每個人都有自己的性格特徵，因此，人與人之間的摩擦總是不可避免，這時，與其慪氣地堅持己見，不如主動去彌補裂痕，從而贏得更多的愛。其實，修復裂痕並沒有想像中那麼難，因為生活中沒有解不開的仇恨，只要我們能勇敢地邁出第一步，給對方提供一個臺階下。

黃偉軍有一隻小波士頓鬥牛犬，每天下班回家，他都會帶著小狗去附近的公園散步，這個公園平時很少有人來，所以他經常放任自己的小狗去玩耍。這天，他一如既往地牽著小狗去公園散步，這時迎面走來一位管理員，這位管理員看到小狗在公園裡肆意奔跑，便對黃偉軍說：「你的狗為什麼不繫牽繩，讓牠跑來跑去？看看牠踐踏的那些草坪，你知道這是毀壞公物嗎？」

黃偉軍一聽，立刻辯解道：「我知道，但我不認為那是我的狗做的。」

「什麼叫你不認為？我看見的就只有牠在亂跑，這次我先不追究，下次如果再讓我看到這樣的事，你就去向警察解釋吧！」說完，管理員氣憤地走了。

那次以後，黃偉軍老老實實幫狗繫上牽繩，卻沒有再碰到那位管理員，再加上他的小狗也太不喜歡牽繩，於是一個星期後，他決定碰一碰運氣，再度沒有繫牽繩走進公園，誰知道剛進公園，就碰到了那位管理員。

這一次，黃偉軍趕緊非常誠懇地對管理員說：「對不起，又被你抓住了。我承認都是我們的錯，你已經警告過我了，我甘願受罰！」

沒想到那位管理員聽後，卻說道：「你能主動認錯，這非常好！但是你得知道，罰款不是我們的主要目的，你可以自己想想，雖然這個公園平時很少有人來，但萬一哪天正好有人過來逛逛，而你的狗沒牽繩，撲過去嚇到人家甚至讓人受傷，你該怎麼辦？」

黃偉軍聽後羞愧地低下了頭，之前的確是自己疏忽了，畢竟是公共場所，說不定就會有小朋友過來玩耍，真要嚇到小朋友就罪過了。管理員看黃偉軍已經意識到了真正的問題所在，便勸慰他說：「幸運的是你已經知道要怎麼做了，這次就不處罰你了，希望你以後遛狗一定要使用牽繩。」

「是，謝謝你！」黃偉軍感激地說。

人說「人非聖賢，孰能無過」，即便是聖人，也難免會有做錯事的時候，更何況是我們這些平凡的普通人。所以在溝通的過程中，無論造成裂痕的是自己，還是對方，都不要太斤斤計較，或找些無謂的託詞推卸責任，而應當像案例裡的黃偉軍那樣，主動並誠懇地向對方認錯、道歉，以及時地彌補裂痕。

對此，我們可以借鑑以下方法：

用通訊軟體來避免尷尬

在感情破裂後，再次見面往往會有點尷尬和彆扭，對此，我們大可以利用通訊軟體來傳遞資訊，只不過要盡量採用文字的形式，因為這不但能避免面對面的尷尬，而且在書寫的過程中，我們還能冷靜思考整件事的前因後果，繼而更好的反思、檢討自己，這顯然更有利於我們表達歉意、消除隔閡。

主動尋找恢復情感的契機

通常當感情出現裂痕時，雙方往往會盡可能避開彼此，以避免矛盾再次增加。殊不知，這卻是我們邁出第一步的大好時機，只要我們主動尋找恢復情感的契機，不動聲色地去接近對方、靠近對方，便能輕易打開彼此溝通的管道，如主動上前打招呼或給對方一個微笑。但需要注意的是，一定要根據現實的情況來行動，並且還要掌握好「力道」，以及選好恰當的時機。

請第三者介入來幫助自己

當我們與他人的矛盾到了難以調解的地步時，不妨請第三方介入來幫助自己，如彼此的朋友、同事或熟人；或對方的妻子、父母、兄弟；抑或是其他適合的人選，讓他們在帶去我們歉意的同時，也順便幫我們當說客。

一如既往地關心對方

對於任何一段關係而言，融洽時給予的溫暖和關心，都遠沒有在彼此產生隔閡、情感出現裂痕後的關懷令人感動，因為這時的關心和呵護，不僅能展現無私，更能展現大度，即便對方一時還無法釋懷，但只要我們能堅持下去，那麼就算曾經受到過傷害，也終有一天會被我們的真誠打動。

愛的練習題

1. 當與他人出現矛盾時，你是那個主動邁出第一步的人嗎？
2. 生活中，你通常會如何去修復裂痕？

你先放下，對方才有可能放手

報復是一把雙面刃，它在傷害對方的同時，也不可避免地會傷到自己。

通常我們會被哪些事傷害到呢？任何事都有可能！例如：工作夥伴進度緩慢使你遭受上司指責；因立場不同而和朋友大動干戈；因觀念不同跟親人爭得面紅耳赤；甚至只是為了門前的一寸地和鄰居僵持不下。然而結怨容易，收拾殘局可就沒那麼輕鬆了，有些人爭執過後便會沒事，但有些人卻會記恨一輩子。

「小張，黃總那個案子，是不是被你半路給攔截了？」

「什麼叫我攔截？人家黃總根本就沒有把案子給你的意思！」

「我們都已經到了要簽約的地步，你說他有沒有要把案子給我的意思？」

「那你們最後簽了嗎？沒簽就表示他不想跟你合作。」

「要不是你突然出來搗亂，我們早就已經簽了！」

「反正最後跟他簽合約的是我，你現在說這些有什麼用？」

「你搶我的案子還理直氣壯？我去告訴主管，看你還敢不敢這麼囂張！」

「你不用去，我早就已經跟主管報備了，你去了也是白費力氣！」

「你、你、你……你這個卑鄙小人，我要把這件事告訴所有的同行！」

……

兩人越吵越激烈，最後甚至大打出手，身邊的同事本想去勸架，但看見有人被他們打傷了腦袋後，便不敢再向前走進一步。就這樣，兩個人在公司裡鬧得不可開交，直到主管回來，才制止了他們的暴行。最後，由於這件事對公司氣氛造成了極壞的影響，上級主管們一致決定，開除他們兩人。

很顯然，案例裡的兩人已經用行動告訴了我們，暴力溝通只會讓事情越來越糟！倘若他們中的任何一人能先退一步，那麼，即便對方再怎麼委屈、不滿，也不會繼續鬧，而這件事也就可以暫時告一段落。俗話說「一個巴掌拍不響」，衝突本來就不是一個人的事，唯有雙方都參與了，才會使矛盾不斷地增加，反之，若只剩下一個人演繹，這場大戲必然會迅速落幕。

最近，公司傳出了因經濟拮据要裁員的流言，一時間員工們人人自危。

這一天，小王去機房使用電腦，發現不知道是誰打開了色情網站，偏又忘掉了關閉，小王不以為意地隨手就關了。但令他萬萬沒有想到的是，第二天整個公司竟然都在謠傳他上班看色情網站，對於這種事，別人不好意思當面詢問，使得他連個解釋的機會都沒有，只能將滿肚子的委屈強壓在心底。

小王越想越不甘心，於是決定暗地裡調查。皇天不負有心人，他查出原來是競爭對手小李在背後造謠，他知道，小李一定是對去年搶案子的事耿耿於懷，所以才在公司要裁員的節骨眼上栽贓陷害自己。如果換了別人，可能會因為咽不下這口氣而伺機報復，但小王卻並沒有這樣做，而是找了個假日，親自去小李家解釋誤會，以解開彼此之間的矛盾。

「小李，我知道色情網站的事是你在背後搞的小動作，我也知道你這是在報復我去年搶了你的訂單，既然我們都傷害過對方，就當扯平了，好嗎？」

「你不恨我嗎？要知道，你很可能會因此而丟了這份工作！」

「呵呵，說不恨肯定是假的，但就算報復了你又能怎樣，也照樣保不住自己的飯碗，那還不如我們一起合作，提升各自的業績，然後一起留下來。」

「對不起，小王，是我太小心眼了，請你原諒我的自私和狹隘！」

「你不用道歉，是我做錯事在先，該道歉的人是我才對！」

……

從這以後，兩人便成了朋友，並且還成了很好的合作夥伴。

無論是生活中，還是工作上，我們都能感受到壓力、挫折、誤會、爭論、溝通不良等負面情緒的存在，它們潛藏在身邊的每一個角落。長時間共處一個辦公室，就算面對著冷漠的機械生產線，同事之間也會因為升遷、考績、業績等互動，而產生一些不愉快。相對簡單的工廠生產環境尚且如此，有著複雜人事關係的企業中，便更易因各自領域的堅持而碰撞。

對此，報復的確能為我們帶來暫時的快感，但在人與人的交往之中，若我們將自己的時間與精力，都浪費在向別人報復這件事上，往往很難和平而理智地與他人溝通，更不可能達到滿足彼此需求的目的。報復是一把雙面刃，在它對對方造成傷害的同時，也會不可避免地波及到自己，最後弄得兩敗俱傷，如此一來，不僅會加劇彼此間的矛盾，還會讓這段感情愈離愈遠。

當我們產生報復的念頭時，就證明我們已經在對手面前失去了溝通應該具備的冷靜，一旦失去冷靜，必然也會失去理智，一個失去理智的人，又怎能在交流的過程中體會感受和需求。更何況，縱使我們的報復成功了，往往也就意味著要消耗更多的時間來自我防衛，於是我們將自己推入了漫長的拉鋸戰，在這種情況下，又如何在溝通中掌握時機，謀求一份真摯的情感？

愛的練習題

1. 爭執時，你會輕易地選擇妥協嗎？
2. 面對他人的報復行為，你通常會如何去處理？為什麼？

傷害你的人，不一定真心想傷害你

現代社會從來都不缺少衝突和矛盾，只缺少一顆能放下恩怨的真心！

面對傷害，大部分人都無法理性地去對待，通常不是選擇憤怒地對質，就是內心充滿了怨恨，甚至還想伺機報復。雖然這是人之常情，卻非常不利於建立情感，因為無論我們選擇其中哪一種，都會在溝通的過程中喪失理智，從而無法體會對方的感受和需求，使得交流變成激化矛盾的工具。其實很多時候，那些要傷害我們的人並非故意找碴，而是被特定的時間和環境逼迫，不小心傷了我們。

李毅和妻子去市區的朋友家吃飯，當天是個大雨天，他們好不容易找到一個停車位，卻被另一輛車飛快地從後面竄了出來，搶占了他想停車的位置。無奈之下，李毅只好又重新找車位。當他停好了車後，又回到了剛才那個車位，準備教訓那個搶車位的人，見對方還沒走，他上前說道：「嗨，這個車位是我的！」

搶車位的人滿面怒容，開口就是一句髒話，兩個人很快就吵了起來，還動了手。體格魁梧的對方突施冷拳，瞬間將瘦弱的李毅打倒在地，然後揚長而去，李毅起身擦淨了臉上的血跡，便悻悻地回了朋友家。

朋友見李毅和妻子臉色陰沉，趕忙問發生了什麼事，他說是為了車位和別人發生了爭吵。不久，門鈴響了起來，李毅以為是那傢伙找上門來了，便搶在朋友之前去開門，果然，搶車位的人站在門外，低聲說道：「我是來道歉的。我回到家後對自己說，你有什麼權力做出這種事？我非常羞愧，我想告訴你的是，我今天被解僱，心亂如麻，失去了理性，希望你能接受我的道歉！」

其實，這個世界上既沒有無緣無故的恨，也沒有毫無來由的傷害，當別人選擇傷害我們時，往往是因為內心的需求沒有被滿足，以致暫時失去了理智。就像案例中那個搶車位的人，現實生活中的他，並非是個有暴力傾向的人，只是突然的失業讓他備受打擊，以致內心的痛苦無處宣洩，才會傷害了無辜的李毅。

那些要傷害我們的人本質也許並不壞，只要我們肯花時間去觀察和了解，便能找出隱藏在他們背後的苦衷，從而體會他們的感受。

天色剛亮時，想起身上廁所的小慧發現，有三個人正在自家後院東張西望，由於丈夫出差在外，身邊沒人可以保護自己，害怕的她撥了報警電話。

警察聞訊趕來，迅速逮捕了這三名小偷。當小偷被押上警車的一瞬間，小慧才看清他們的模樣，原來他們都還是孩子，最小的僅有12歲！透過審訊，三個孩子被送到了少年觀護所，也許在外人看來，這些孩子是咎由自取、罪有應得，小慧卻覺得孩子還小，因不懂事才會犯錯，便主動向法官為他們求情。

在判決的最後一天，小慧在法庭上說：「法官大人，其實我並沒有親眼看見那三個人行竊，所以我請求您，改判讓他們為社區做半年的勞動作為懲罰吧！」

經過小慧的再三懇求，法官最後終於答應了她。

事後，小慧才得知三個孩子都是孤兒，因缺乏照顧才走上了歪路。於是，她邀請他們進到家中，像對待自己的孩子一樣對待他們，跟他們一起生活，一起工作，還教導他們講做人的道理。半年後，三個孩子不僅身強體壯，而且還學會了生存的技能。一天，小慧對孩子們說：「你們應該有更大的作為，而不是待在這裡。記住，孩子們，任何時候都要靠自己的智慧和雙手吃飯！」

多年後，三個孩子中的一個成了某工廠的老闆，另一個成了一家大公司的行銷主管，而最後那一位則成了當紅歌星，在這三個孩子的孝心下，小慧一家過著豐衣足食的生活，每年除夕，三人都會從不同的地方趕來，與她相聚。

小慧是寬容的、善良的，倘若當初她咄咄逼人地置三個孩子於死地，那就不會有後面如此美好的結局了。俗話說「人活一口氣，佛爭一炷香」，當我們受到傷害時，常常會持這種態度，跟對方拚個你死我活，其實大可不必如此，與其最後來個魚死網破，不如試著「得饒人處且饒人」，像小慧那樣放下心中的芥蒂，努力滿足對方內心的需求，從而收穫一份新的情感！

生活中，人們皆崇尚輕鬆、愉快的交往方式，要想做到這一點，我們首先就必須學會放下，放下別人對自己的傷害，即使面對家人、朋友、同事的背叛和刁難，也應該及時進行溝通，講出自己的肺腑之言，並以真心去對待。雖然這並不是一件容易的事，但只要我們肯努力嘗試，便會有能實現的那一天。

現代社會從來都不缺少衝突和矛盾，只缺少一顆能放下恩怨的心。不可否認，面對那些傷害我們的人，怨恨或報復能為自己帶來快感，但這並不能真正滿足我們內心的需求，而在彼此相互咒罵、互相撕咬之後，不僅問題無法得到圓滿解決，還會導致雙方的關係漸行漸遠，直到最後徹底失去這段感情。

別覺得傷害過你的人都是壞人，請試著去觀察、去理解他們！

愛的練習題

1. 面對傷害，你會怎麼做？是拚個你死我活，還是得饒人處且饒人？
2. 通常你會如何對待傷害過自己的人？為什麼？

寬容，有時會帶來意想不到的回報

寬容地原諒別人，常常能在溝通中帶給你一份意外的驚喜！

人說「難得糊塗」，這是一種高深的處世哲學，有生活經驗的人都知道，很多時候，寬廣的心胸遠比橫眉冷眼更有助於問題的解決。每個人都會難免會犯錯，對他人的小過，以寬容的態度審視，以詼諧的方法對待，常常能有效地化解矛盾，令尷尬的場面變得和諧，甚至能讓敵人變成朋友。

林肯在參議院進行競選演說時，遭到了另一個參議院官員的譏諷，那位議員說：「林肯先生，在你開始演講之前，我希望你還記得自己是鞋匠的兒子！」

「很感謝你使我記起了我的父親，雖然他已經過世了，但我一直都以他為榜樣。我會記住你的忠告，因為我知道我做總統無法像我父親做鞋匠一樣好。」

林肯說完這段話後，參議院頓時陷入了一片沉默。

這時，林肯轉過頭來對那名議員說：「據我所知，我父親以前也為你的家人做過鞋子，如果你的鞋子不合腳，我可以幫你修。雖然我不是偉大的鞋匠，但我從小就跟父親學會了做鞋子的技術。」隨後，他又對所有的參議員說：「對參議院的任何人都一樣，如果你們穿的那雙鞋是我父親做的，鞋子如果需要修理或改善，我一定盡可能幫忙。但有一點可以肯定，我父親的手藝是無人能比的。」

林肯說到這時，所有的嘲笑都化作了真誠的掌聲！

在林肯紀念堂（Lincoln Memorial）的牆壁上，刻著這樣一段話：「對任何人不懷惡意；對一切人寬大仁愛；堅持正義，因為上帝使我們懂得正義；讓我們繼續努力去完成我們正在從事的事業；包紮我們國家的傷口。」林肯寬容、仁愛的政治主張，曾遭到不少競爭對手的嘲諷，卻受到了基礎群眾的追捧，在這一理念下，他不但兩次登上美國總統的寶座，還被世界冠以「偉人」的稱號，這就是寬容的驚喜。

人生在世，不如意之事常常十有八九，而在溝通的過程中發生矛盾、心存芥蒂、產生隔閡等，也往往不可避免。這時，溝通雙方總會下意識地保持一定的距離，並且還會產生完全相反的心理狀態，這種差異會在交流中造成思想隔閡，甚至會使關係變得僵化。這種狀況通常有兩種處理方式：一是「冤家路窄」，小肚雞腸，耿耿於懷；另一種則是冤仇宜解不宜結——「相逢一笑泯恩仇」。

對於從人性和需求出發的非暴力溝通而言，毫無疑問會採取後一種。

在李曉華的一生中，曾經有過一段最黑暗的歲月，那段時間的他險些犯下大錯，但一位素未謀面的陌生人，卻讓他懂得了生活的真正含義。

當時，李曉華建立的公司一度陷入危機，眼看自己辛辛苦苦打拚出來的事業即將毀於一旦，他的內心如千萬隻螞蟻在啃咬般疼痛，然而最讓他心痛的卻是自己的結髮妻子。結婚這幾年來，李曉華因將心思全部放在工作上，冷落了妻子，最後當他最需要妻子在身邊的時候，竟然發現妻子早已紅杏出牆，並且還讓自己戴了好幾年的綠帽，想到這裡，他便一肚子火。

想起妻子的所作所為，李曉華怒氣攻心，心想：反正自己已經生無可戀了，不如拉著那個女人一起陪葬。於是他拿著一把水果刀出門了，當他急匆匆地去找妻子報復時，路上跟一位陌生人撞在一起，陌生人不但被他撞得鼻青臉腫，還被地上的沙石劃破了手掌，他怕陌生人會因此要自己賠償，便先發制人地吼道：「你會不會走路啊？我這麼大個人，你難道看不見嗎！」

不過陌生人聽完這話並沒有生氣，只是對李曉華抱歉地笑了笑。

面對這樣的情景，李曉華有點不好意思起來，問道：「你不生氣嗎？」陌生人依然笑著回答：「呵呵，有什麼好生氣的，既然已經這樣了，生氣又有什麼用呢？生氣既不能讓手上的疼痛減輕半分，也不能讓傷痕立刻癒合；相反的，生氣只會激化心中的怨氣。如果我對你惡言相向，或動用武力，即便最後打贏了你，也會種下惡果，到頭來輸的還不是我自己！」

陌生人的這番話，讓李曉華憤怒的心漸漸平靜了下來，他覺得這位陌生人說得很對，畢竟妻子的錯誤也是自己一手造成的，他又有什麼資格去怨恨對方呢？就這樣想著，他不由得悄悄放下了手中用報紙包裹的水果刀。從那以後，不管有多忙，他都會抽時間陪伴妻子，而妻子也選擇了留在他身邊，跟他一起面對事業上的難關。最後，他們的感情越來越好，事業也逐漸有了起色。

通常我們在溝通中遭遇矛盾時，最直接的做法就是爭執、指責或互相咒罵，最後弄得兩敗俱傷。殊不知，爭強好勝只有在極端的情況下才能解決矛盾，而在多數情況下是在不斷激化矛盾，唯有適時糊塗一點、包容一些，才能從源頭上遏止矛盾的產生，繼而更清晰地去體會他人的感受和需求。

人生苦短，生活更是不易，我們在爭取擁有的同時，也要懂得適時糊塗，適當地包容。每個人都有可能做錯事，因一時的衝動，因一時的欲望，因種種可知或不可知的客觀因素，而使自己多了一個敵人，少了一個朋友，是否值得呢？有時候看似糊塗的做法，寬容地對待他人的錯誤，不僅僅是讓別人過得去，同時也是為了讓自己過得去，讓自己能始終保持一顆有愛的心！

馬克吐溫（Mark Twain）寫過這樣一句話：「紫羅蘭把它的香氣留在那踩扁了它的腳踝上，這就是寬恕。」這樣的寬恕，經過文學家的提煉，總令人倍覺感動和美好。而在現實生活中，寬恕也顯得珍貴與重要，它能體現一個人的修養與胸襟，尤其是在與人溝通時，寬容地去原諒別人，於自己內心存一份信任，便能將敵人變成朋友，讓朋友變得更想親近，同時也會讓彼此的溝通越來越順暢！

愛的練習題

1. 若溝通時出現了衝突或矛盾，你能否寬容以對？
2. 生活中的你，是否是一個寬容的人？

一直沉溺於傷痛，反而阻礙了癒合

若想讓溝通的作用發揮到極致，就必須學會放下，否則都是徒勞！

人生在世，我們難免會受到一些傷害，對此，有些人會將其扔在一旁，任由它自己結痂；而有些人會主動和解，以加速傷口的癒合；還有些人會不斷地舔傷口，總想伺機去報復對方。無論是心裡，還是生理上的傷口，都經不起再三的刺激，我們刺激得越狠，它就越難以癒合，也越會影響這段感情。

曼德拉（Nelson Mandela）因帶領反對白人種族隔離的政策而入獄，白人統治者為了懲罰他，將他關在荒涼的大西洋羅本島上 18 年。當時，曼德拉年事已高，但白人統治者卻依然像對待年輕犯人一樣，對他進行了殘酷的虐待。

羅本島上布滿岩石，並且到處都是海豹、蛇和其他動物。曼德拉被關在監獄的一個「鋅皮屋」裡，白天打石頭，將採石場的大石塊碎成石料，有時還要下到冰冷的海水裡撈海帶，或做點採石灰的工作 —— 每天早上排隊來到採石場，然後被解開鐐銬，在一個很大的石灰石場裡，用尖鎬和鐵鍬挖石灰石。

由於曼德拉是重要犯人，光是看管他的人就有三個，這三人對他並不友好，非但沒有看在他年紀大的份上予以善待，還總是尋找各種理由來虐待他。

誰也沒有料到，曼德拉出獄後竟當選了總統，更令人覺得不可思議的，是他在就職典禮上做出了一個震驚世界的舉動。

總統就職儀式開始後，曼德拉起身致辭，歡迎來賓。他依次介紹了來自世界各國的政要，然後他說出了這樣一番話：「能接待這麼多尊貴的客人，我深感榮幸，但讓我最高興的是，當初在羅本島監獄看守我的三名獄警，今天也能趕到現場！」隨即，他邀請他們起身，並把他們隆重地介紹給大家。

曼德拉的這番舉動，令那些殘酷虐待了他多年的白人汗顏，也讓所有到場的人肅然起敬。看著年邁的曼德拉緩緩站起，恭敬地向三個曾關押他的看守致敬，在場的所有來賓，乃至整個世界，彷彿都安靜了下來。曼德拉無意羞辱那三名獄警，他只是想藉此來告訴白人，自己早已放下了曾經的那些傷痛。

面對傷口，大多數人都會暗自神傷、自怨自艾，或在心裡暗暗咒罵傷害自己的人，甚至還有人會觀察對方的一舉一動，以伺機報復等。這樣反覆舔舐傷口，非但不利於它的癒合，反而還會加劇傷口的發炎。

週末，回到家的王敏馨和王愷軒像往常一樣，都默默地低頭吃飯，既不和對方說話，也不跟父母進行互動。看著兄妹倆如同陌生人，父母心裡頗不是滋味。

無奈之下，父母只好讓一直疼愛他們的姑姑來調解。面對將近一年沒有說話的兄妹倆，姑姑不敢有絲毫的懈怠，她經過再三思考後，才開口說：「雖然我已經忘了你們為什麼會這樣，但我想知道你們究竟要什麼？」

「我要什麼，他心裡很清楚！」王敏馨轉身對哥哥王愷軒大喊道。

「我清楚什麼啊？是妳在天天沒事找事！」王愷軒不甘示弱地回答。

「你心知肚明，你和爸爸從不在乎我的感受，什麼好事他都留給你！」

「妳倒是說給我聽聽，爸爸究竟為我留過什麼好事？」

「不說別的，就我們家那筆都更補助，前陣子你說公司需要資金周轉，他二話不說就給了你一百萬，但我馬上就要結婚了，讓他拿幾十萬萬買輛車都不肯！」

「妳要搞清楚一點，我周轉資金，那是跟他們借，以後是會還的！」

「說得真好聽，你會還，時間一久，還不是成了一筆爛帳！」

……

就這樣，兄妹倆爭執了十幾分鐘，眼看越吵越激烈，姑姑趕緊出來阻止。

「好了，好了，我知道你們都想知道那筆補助款怎麼分配，這個讓你爸來說！」

於是，父親說出了自己的打算：「原本，這些錢我是想讓你們一人拿一份，剩下的一部分留給我們養老。但小軒的公司遇到了困難，我們身為家人，沒理由坐視不管，我想先幫他度過這個難關，然後再來分這筆錢。但你們兄妹倆這一年多感情很淡，我怕我說出來，王敏馨的心裡會不好受，所以……」

聽完父親的話，大家都沉默了，片刻之後，王敏馨輕聲地說道：「老爸，你有這樣的打算，應該早點說嘛，害得我還以為你偏心，根本不把我當女兒。」

其實王敏馨內心需要的並不是錢，而是來自父親的關心和呵護。當我們受傷時，往往會下意識地為對方樹立一個敵對的形象，並認為只要能讓對方蒙受損失，我們便可以從中獲取利益。但事實上，即便我們傷害了對方，自己也討不到半點好處，甚至還會因此而再度受傷，因為在我們不屑於滿足對方需求的同時，對方也不可能體會我們的感受，更不會滿足我們的需求。

然而，非暴力溝通卻能消除我們的敵對印象，讓我們試著先去滿足對方的需求，再來考慮自身的感受和需求。這就是非暴力溝通的魅力，它總能從人性的角度出發，第一時間找到對方的需求，為彼此的交流提供良好的基礎。溝通之所以備受大家的關注，是因為它具有搭建情感橋梁的作用，我們若想讓這個作用發揮到極致，就必須先學會放下，否則一切的溝通便都是徒勞無功！

愛的練習題

1. 面對傷害過自己的人，你是否能及時地放下傷痛？
2. 對於傷口，你通常會如何來處理？為什麼？

學會淡然，才能擁有內心的自由

唯有好好享受今天的快樂，才更容易遇見明天的幸福！

生活中，不順心的事十有八九，你若想事事順心，就必須將不愉快的事拋置腦後，尤其是那些讓你耿耿於懷的傷心往事，要知道，樂於忘懷才是人生不變的真理。總念念不忘傷痛的人，深受其害的是自己的那顆心，何必搞得如此狼狽？生活還不是得繼續？所以，別拿俗世的膚淺來懲罰自己，冷靜、冷靜、再冷靜一些，好好享受當下的快樂，才更容易遇見幸福。

這一年，小曼的丈夫不幸遭遇車禍，親朋好友們聞訊紛紛趕來安慰她。

「小曼，想哭就盡量哭吧，把心裡的苦都發洩出來！」

「曼曼，想開點，人死不能復生，日子還是得好好過。」

「親愛的，誰也不想遇到這種事，但遇到了，我們一定要堅強！」

「小曼，別太難過了，妳老公在天之靈一定也不希望妳這樣。」

「可憐的孩子，妳一定要節哀，就算不為自己，也要為孩子著想。」

……

然而，面對親友們的寬慰，小曼卻依然意志消沉，整天將自己關在房間裡，時而拿著老公的遺物發呆，時而抱著枕頭痛哭流涕，時而對著老公的遺照喃喃自語，不但自己不好好照顧自己，對孩子也是不管不問。見女兒如此傷心欲絕，父母只好拎著簡單的行李住了進來，以便照顧這對可憐的母子。

時間轉眼即逝，一年過去了，小曼仍然沒有從失去丈夫的陰影裡走出來，在這一年裡，雖然親朋好友們來勸過她無數次，但她卻只顧著沉浸在自己的悲痛中。

當我們面臨巨大的打擊時，往往很難輕易地走出來，但這並不意味著我們就可以一直沉浸其中，一旦我們陷入痛苦無法自拔，便會像案例中的小曼那樣，關閉自己的心門，從此不再理會自己內心的感受和需求，繼而無法與人進行正常的溝通，即便強行交流，也會引發很多不必要的衝突和矛盾。

事實上，我們之所以放不下傷痛，並非是它依然令我們感到疼痛，而是我們當時的需求至今都沒有得到滿足，但隨著時間的不斷流逝，我們終究會漸漸遺忘，抑或在其他地方獲得了相同的滿足。此時，若再回頭細看，往往會覺得自己很可笑。

「小藝，真的是妳？我還以為是我看錯了！」

「志偉？這麼巧，居然能在這裡遇到你！」

「這麼多年沒見，妳過得還好嗎？」

「嗯，我現在還不錯，你呢？」

「我呀，還不是老樣子！」

這時，一個男人走了過來，遞了一瓶飲料給小藝，並問道：「這位是？」

「哦，這是我以前的一個朋友，今天剛好在這裡遇到！」

「是嗎？妳的朋友就是我的朋友。你好，我是小藝的老公！」

「你好，很高興見到你！實在不好意思，我今天還有點事，要快點離開了，而且今天出門有點匆忙，忘記帶名片，真是抱歉！」

「沒事，這是我的名片，有空我們再聯絡！」小藝的老公說完，便摟著小藝走了。

看著兩人逐漸消失在人群中，志偉的回憶瞬間被喚醒：當年，剛畢業的兩個人，懷揣著共同的夢想來到這座城市，本以為只要彼此共同努力，就能創造一個屬於他們的未來。想不到，激情褪去後，隨之而來的竟是無休止的爭吵，雖然只是些雞毛蒜皮的小事，卻讓兩人心力交瘁，年少輕狂的心日益遠離。

此時，志偉忍不住想：若當時我們都能冷靜一點，結局會不會不同呢？

現代社會，人們在巨大的壓力之下，往往很難保持一顆冷靜的心，不是感受太過豐富，無法表達，就是需求遠遠超過預期，永遠都無法滿足，內心稍稍出現漣漪，便會激起巨浪，而我們也因此筋疲力盡。倘若我們能暫時停下腳步，回頭看看那被忽視的生活，就會發現真正想要的。也許，它平淡無奇或是枯燥乏味，但不得不承認的是，我們只有在冷靜中，才能看見幸福！

相對於平淡，傷痛更易讓人銘記於心，然而，刺激的事物往往都無法長久存在，猶如濃酒美食、辣味甜品，都不過是一瞬間的感知，真正可以果腹的是那些粗茶淡飯。這就需要你看淡世俗，以笑看人世浮華的豁達心態去交流，只是這種心態，往往需要我們經歷歲月沉澱的參透，需要我們對周圍萬事萬物源源不斷的感悟，非刻意而為能夠造就，也非一朝一夕可以促成。

時間總是飛逝而過，在我們還來不及抓住，甚至來不及回憶的時候，自己的心即將蒼老。但我們又在忙什麼呢？竟將時間都浪費在了仇恨上！總有人在提醒我們，別等到失去了再去珍惜，那人、那景可能早已不在，但我們始終聽不進去，依然執著地抱著那點傷痛不放，最後傷了他人，也弄痛了自己。

是時候給自己，也給那些傷害你的人一個擁抱，停下來讓心沉澱一下了。此時此刻，讓心化解所有的不快，銘記你們所有的快樂，用心過好當下的每一天，別為昨天的傷浪費時間，今天如果逝去，將永遠不會回來！

愛的練習題

1. 當你不冷靜時，通常會如何來處理？
2. 你覺得自己是一個冷靜的人嗎？為什麼？

電子書購買　爽讀 APP

國家圖書館出版品預行編目資料

別讓話語成為暴力，關係不該被情緒摧毀：情緒化語言、不溝通冷戰、只聽不回應……停止爭吵與沉默，學會說出真正的需求 / 黃煐 著 . -- 第一版 . -- 臺北市 : 財經錢線文化事業有限公司 , 2025.03
面；　公分
POD 版
ISBN 978-626-408-178-8(平裝)
1.CST: 溝通技巧 2.CST: 說話藝術 3.CST: 人際關係
192.32　　114001802

別讓話語成為暴力，關係不該被情緒摧毀：情緒化語言、不溝通冷戰、只聽不回應……停止爭吵與沉默，學會說出真正的需求

臉書

作　　者：黃煐
責任編輯：高惠娟
發 行 人：黃振庭
出 版 者：財經錢線文化事業有限公司
發 行 者：崧燁文化事業有限公司
E-mail：sonbookservice@gmail.com
粉 絲 頁：https://www.facebook.com/sonbookss/
網　　址：https://sonbook.net/
地　　址：台北市中正區重慶南路一段 61 號 8 樓
8F., No.61, Sec. 1, Chongqing S. Rd., Zhongzheng Dist., Taipei City 100, Taiwan
電　　話：(02) 2370-3310　　傳　　真：(02) 2388-1990
印　　刷：京峯數位服務有限公司
律師顧問：廣華律師事務所 張珮琦律師

定　　價：375 元
發行日期：2025 年 03 月第一版
◎本書以 POD 印製